悩める君に贈る ガツンとくる言葉

悩める君に贈る**ガツン**とくる**言葉**　目次

第2章　上司や先輩というムカつく存在

第4章 会社という奇々怪々な世界

第5章　男と女のややこしくて複雑な関係

第6章　世の中というままならない場所

装幀◉長山良太
カバー本文イラスト◉ザビエル山田

はじめに

「ガツン」を必要としているあなたへ

もちろん、どういう方に読んでいただいても嬉しいし、たっぷり楽しんでもらえるとは思うのですが、本書をとくにオススメしたいのは、次のような方です。

仕事や人間関係に押しつぶされそうで、もがき苦しんでいる
毎日が同じことの繰り返しで、刺激や張り合いが感じられない
「こんな自分（or 会社 or 世の中）は嫌だ！」と思っている

人生は、なかなか思うようにはいきません。仕事、会社、人間関係、自分自身、男と女、世の中……。今、あなたをもっとも苦しめているのは、どういうことでしょうか。もっとも悩ませているのは、どういうことでしょうか。

あなたは、せいいっぱいがんばっています。自分に何ができるか、どうするのがベストか、なぜそうなってしまうのか、一生懸命に考えています。それでも、どうしようもないこと、どうにも理解できないことは、いっこうになくなりません。

あなたに必要なのは、強烈な「ガツン」です。十分にもがいているあなたを救い出す答えは、すでに手の届くところにあるはず。ちょっとしたきっかけで、苦しみの連鎖を断ち切り、悩みのるつぼから抜け出すことができるでしょう。

この本は、おもに若いサラリーマンが抱えがちな苦悩に対して、タレントから哲学者まで、古今東西の賢人たちが発した「ガツンとくる言葉」を取り上げつつ、大人としてどう立ち向かえばいいか、どう考えればいいかを指南しています。

アントニオ猪木、田中角栄、岡本太郎、明石家さんま、三浦知良、福山雅治、タモリ、そして、ふなっしー……。豪華で多彩な面々に、たっぷりココロを揺さぶってもらいましょう。言葉を通じて賢人たちの生き方に思いを馳せるのもまた楽し、です。

さらに、それぞれの苦悩に対して、具体的な「大人メソッド」をレクチャーしているのもミソ。自分の考え方や振る舞い方を変える指標になったり、自分を省みるヒントになったりなど、実践的なメソッドを身につけることができるでしょう。

毎日を変えるために、自分を変えるために、人生を変えるために、ぜひ本書をご活用ください。かなり刺激が強い劇薬ではありますが、効果は保証します。

第1章 自分というやっかい過ぎる生きもの

反面教師
進路指導
文化祭での喝采を真に受けてのミュージシャンか
人生なんて一度しかない
「だから好きな事をやる」ってのも一つの選択だ
ただ その前に失敗例を見てみろ
周りをよく見渡せばいくらでもいる
ですよね
学園ドラマの安っぽい感動で教師になった連中
・・・

私の苦悩 1

どこに行っても周囲から馬鹿にされてしまう

学生時代も、ずっといじられキャラでした。何をやっても「お前は天然だなあ」「ホント、馬鹿だよなあ」と言われてばかり。会社に入ってからも変わりません。先輩からも同僚からも、最近は後輩からも、馬鹿にされていじられています。たしかにアニキっぽく振る舞うのは苦手で貫録もありませんが、仕事は真面目にやっているし周囲に迷惑をかけてるなんてこともありません。どうすれば馬鹿にされなくなりますか。

（新潟県・二十五歳・製造業）

アントニオ猪木の言葉を訊け！

一九四三年神奈川県生まれ。元プロレスラー。実業家。政治家。日本プロレス界を牽引してきたレジェンドであり、引退後は政治家としても独特の活躍っぷりを見せている。キャッチフレーズは「燃える闘魂」。

いじられてはいても、いじめられてるわけじゃないですよね。じゃあ、いいんじゃないでしょうか。人それぞれキャラがあって、無理に自分に合わないキャラになろうとしても、あなた自身も周囲も疲れるだけです。基本的に人に好かれるタイプじゃないと「いじられキャラ」にはなれませんから、もっと誇りを持ってみてはどうでしょう。

と、そんなふうに言っても、きっと納得してはもらえませんよね。あなたは、いじられることを「馬鹿にされている」と感じてしまう。そして自分が「馬鹿にされている」なんて状態は、極めて屈辱的であり、絶対にあってはならないと思っている。その呪縛から解き放たれないと、たとえばあなたが接し方を変えることで周囲の態度が変わったとしても、事あるごとに「また馬鹿にされた」「やっぱり自分は馬鹿にされている」とカリカリすることになりそうです。

ご本人もきっと「ウジウジした悩み」だということは自覚しているかと思います。ここはあの人にガツンと言ってもらって、そんなウジウジやモヤモヤを吹き飛ばしてもらいましょう。アントニオ猪木の『馬鹿になれ』（角川文庫）という詩集にこんな詩があります。

馬鹿になれ
とことん馬鹿になれ
恥をかけ　とことん恥をかけ
かいてかいて恥かいて
裸になったら見えてくる
本当の自分が見えてくる
本当の自分も笑ってた
それくらい　馬鹿になれ

あなたが「馬鹿にされたくない」と思っている限り、馬鹿にされたという怒りや悲しみから逃れることはできません。しかし、最初から「もっと馬鹿になりたい」「もっと恥をかきたい」と思っていれば、周囲がどう扱おうがどうってことないはず。

もちろん、見るからに馬鹿っぽく振る舞う必要はないし、仕事で馬鹿なミスをしまくるのは困ります。そういうことではなく、心の中で「馬鹿な自分」を受け入れてしまえば、簡単には揺るがない「強さ」を身につけられるでしょう。

猪木の「馬鹿になれ」という教えは、相談者のようにいじられキャラであることに悩む人だけではなく、「できるビジネスマン」や「尊敬される上司」になろうとして力んでいる人にも、きっと有効です。男性だけでなく、理想のいい女像や理想の妻像、理想の母親像を追い求めて疲れている女性のみなさんにも、ガツンと響くに違いありません。

私たちは、周囲の無理している人に対しては「もっと肩の力を抜けばいいのに」と思うのに、自分のこととなると肩に力を入れてしまいがち。意識して「馬鹿」を目指すぐらいでちょうどいいかもしれません。また、アントニオ猪木は、こうも言っています。

ちっちゃなケンカをするたびにスケールが小さくなる

馬鹿にされただの何だのと周囲を敵視するような、そういう「ちっちゃなケンカ」に精を出すのは、けっこうくだらない話です。自分を相手にトコトン馬鹿になって、トコトン恥をかく、という壮大な闘いに挑みましょう。スケールの大きい馬鹿になれたら、誰もあなたを馬鹿にしなくなります。一、二、三、ダァー！

今回の大人メソッド

されたくないと思うほど、されてしまうのが世の常

「馬鹿にされる」「侮られる」「軽く見られる」など、いろんな「されたくないこと」があります。しかし、相手が自分をどう扱うかは、自分ではコントロールできません。往々にして「されたくない」と思えば思うほど、そうされがち。「やりたいならやってくれ」と開き直ったほうが、されないようになるかも。少なくとも、いちいちカリカリせずに済むはずです。

私の苦悩 2

コミュ力は高いつもりだけど営業成績が伸びない

自分で言うのも何ですが、昔から人と接するのは得意なほうで、いわゆるコミュ力も高いと思っています。今やっている営業の仕事は、自分の口のうまさを活かせるはずなんですが、なかなか結果が出ません。営業所でトップの成績を上げているのは、口下手で引っ込み思案な先輩です。自分の何がいけないんでしょう。お客さんとの商談は、いつも笑いがいっぱいで盛り上がるんですが……。

（埼玉県・二十四歳・営業）

田中角栄の言葉を訊け！

一九一八年〜一九九三年。新潟県生まれ。政治家。一九七二年に内閣総理大臣に就任。「今太閤」と呼ばれた。「日本列島改造」を推進し、日中国交回復を実現。退陣後、ロッキード事件で有罪判決を受けたまま死去。

他人から見ると、すぐに「ああ、こりゃダメだ」と気づくようなことでも、本人は意外に気が付かないんでしょうね。これが若さってヤツでしょうか。

あなたが何を売っているのかは知りませんが、大前提から勘違いしているようです。口のうまさと営業のうまさは、まったくと言っていいほど関係ありません。口がうまいことが「コミュ力」の高さだと思っているとしたら、それも大間違いです。

私が説教しても納得してもらえないと思うので、「角さん」こと田中角栄にガツンと言ってもらいましょう。念のために紹介しておくと、日本列島改造論で幅広い支持を集め、一九七〇年代前半には内閣総理大臣を務めた大物政治家です。「今太閤」「コンピュータ付きブルドーザー」などとも呼ばれました。総理大臣就任中や退陣後にロッキード事件が起きたときは批判を受けまくりましたが、長い年月が経って今は評価も人気も急上昇中です。政治家の評価や政治家への批判なんて、そんなもんですよね。

話がそれました。「人たらし」としても知られた彼は、こうガツンと言っています。

わかったようなことを言うな。
気の利いたことを言うな。
そんなものは聞いている者は一発で見抜く。
借り物でない自分の言葉で、全力で話せ。
そうすれば、初めて人が聞く耳を持ってくれる。

策士が策に溺れるように、口のうまいヤツは口のうまさに溺れがち。あなたは、わかったようなことや気のき利いたことばかり並べて、口のうまい自分に酔っているのではないでしょうか。だとすると、たとえ表面的には盛り上がったとしても、相手の信頼はけっして得られません。むしろあなたが弁舌滑らかに話せば話すほど、「この人から物を買っても大丈夫かな」という不信感を抱かせてしまいます。

トップの成績を上げている「口下手で引っ込み思案な先輩」は、きっと、田中角栄が言う「自分の言葉で、全力で」話せる人なんでしょう。もし、その先輩のことを心の中で侮っているとしたら、あなたは永遠に一人前の営業マンにはなれません。「コミュ力」とはノリの良さや座持ちの良さのことではないと気づかない限り、チャラいヤツという評価以上のものは得られないでしょう。

ここまで読んで、そろそろ根拠のない自信が崩れて「えっ、俺って……」と不安になってくれていることを期待しつつ、たぶんあなたにとって必要と思われる田中角栄の言葉をもうひとつ。

ノーと言うのは、たしかに勇気がいる。しかし、長い目で見れば、信用されることが多い。ノーで信頼度が高まる場合もある。

その場しのぎの「イエス」を上手に言うことが口のうまさではないし、営業マンの仕事でもありません。

　とはいえ、自称「口がうまい」タイプは、他人に対してオドオドしないとか思ったことをきちんと言葉にできるといった長所も、たくさんあります。そこは大いに活かしつつ、これからは「なるべく口下手になる」ことを目指してみてはどうでしょう。ちょうどバランスが取れて、信用できそうな人という印象が醸し出されるかもしれません。

今回の大人メソッド

「口がうまい」タイプはじつはコミュ力は低い

　もしあなたが「俺は口下手だから営業とかは向いていない」と思っているとしたら、ぜんぜんそんなことはありません。一見《いちげん》さんだけを相手にしている仕事じゃない限り、大切なのは相手との信頼関係を築くことです。自称「口がうまい」タイプより、自分を「口下手」と思っているタイプのほうが、じつは総合的にはコミュ力が高いと言っていいでしょう。

私の苦悩 3

やりたいこともやれない人生に意味があるのか

いちおう世間に名が知れている会社に勤めているし、結婚して子どももできた。仕事にも妻にも大きな不満はないし、子どもはかわいい。だけど時々、このままでいいのかと、たまらなく不安になることがある。本当は音楽が大好きで、ミュージシャンになりたいと思っていた。今でも思っているが、現実には楽器を手にすることもない。しかし、今の会社を簡単にやめるわけにもいかない。やりたいこともやれない人生に、はたして意味があるのだろうか。

（千葉県・三十歳・食品）

植木等の言葉を訊け！

一九二七年〜二〇〇七年。愛知県生まれ、三重県育ち。コメディアン・俳優。一九五七年にハナ肇率いるクレージー・キャッツに参加。テレビのバラエティ番組で人気が爆発し、映画も大人気を博した。

たいへん失礼ながら、やりたいこともやれないんじゃなくて、単にあなたがやらないだけです。あなたにとってミュージシャンは、安定した仕事やかわいい奥さんや子どもを捨てる決心をするほど、どうしてもなりたいものではないってことですよね。

意地悪な言い方をしてすいません。「やりたいことをやる」というのは、カッコよさげで大きな意味がありそうですけど、本当にそうでしょうか。この相談は、人間は何のために生まれて、私たちは何のために生きているのかという問題でもあります。

あなたは仕事をして、奥さんと力を合わせて子どもを育てている。やりたいことがあろうとなかろうと、そういう人生に意味がないとは言わせません。

「無責任男」として一世を風靡したコメディアンの植木等は、じつは極めて生真面目な人間で、お酒も飲めなかったとか。出世作となった『スーダラ節』（一九六一年発売）が大ヒットした頃を振り返って、のちにこんなガツンとくる言葉を残しています。

自分がやりたいことと、やらなければならないことは別なんだ。

彼にとって、この曲が描いている「無責任男」は、けっしてやりたいキャラクターではありませんでした。しかし、彼が演じた「無責任男」に当時の人びとがどれだけ励まされ、どれだけ日本が明るくなったことか。

青島幸男（のちの都知事）が作詞した『スーダラ節』は、酒やギャンブルでの失敗を「わかっちゃいるけどやめられない」と笑ってしまう内容です。当初、この曲を歌うことに強い抵抗感があった植木等は、僧侶だった父親に相談。すると父親は、

「素晴らしい！　この『わかっちゃいるけどやめられない』は、親鸞聖人の教えに通じる人間の真理だ」

と歌詞を絶賛します。彼は、なるほどそうかと歌うことを決意したとか。

「やりたいこと」のほうが「やらなければならないこと」より意味があるわけじゃないのは、

植木等に限らず誰だって同じ。「やらなければならないこと」を放り出して「やりたいこと」をやったとして、それが「意味のある人生」かどうかは疑問です。そもそも、それほど楽しくないかもしれません。

「やりたいこと」とやらは、むしろ思うようにやれないぐらいのほうが、人生に刺激を与える適度なスパイスになってくれそうです。ごちゃごちゃ言ってないで「やらなければならないこと」に励みつつ、今ある幸せを大切にしてください。

今回の大人メソッド

「やりたいこと」は、やらないほうが役に立つ

「やりたいこと」を心置きなくやってしまうと、実力の限界を思い知る羽目になるかもしれません。思ったほど面白くなくて落胆する可能性もあります。「時間ができたら思いっきりやりたい」と妄想をふくらませたり、「これをやりたいオレってカッコイイ」と自分にウットリしたりするのが、「やりたいこと」のもっとも有効な活用法と言えるでしょう。

私の苦悩 4

ネットの中で大暴れする快感に日々溺れている

毎日、ツイッターなどで大暴れしてストレスを発散しています。問題のある書き込みをしている有名人を探して、チクチクつついたりブログに批判を書き込んだり。炎上や祭りを見つけたら、アドレナリンがわ湧いてきてさらに張り切ってしまいます。いいことだとは思いませんが、匿名で好きなことを言えるのが快感でやめられません。悪いことをしたヤツは懲《こ》らしめられて当然だから、べつにやめる必要なんてないんじゃないかと思ったり……。どうなんでしょう？

（宮城県・三十四歳・小売業）

スティーブン・キングの言葉を訊け！

一九四七年アメリカ生まれ。作家。「モダン・ホラー」というジャンルの開拓者。主な作品に『キャリー』『シャイニング』『ミザリー』『スタンド・バイ・ミー』など。多くの作品が映像化されている。

さも反省しているような口ぶりですけど、どうやら、やめる気はないみたいですね。ネットで大暴れしてストレスを発散ですか。そうせざるを得ない理由があるんでしょうけど、たいへんお気の毒な話です。それって、本当にストレス発散になっているのでしょうか。やればやるほど、むしろドロドロした嫌な何かが、心の底に溜まっていくんじゃないかと心配でなりません。

ネットの中には、あなたのような行為に精を出している人が、呆れるほどたくさんいらっしゃいます。匿名をいいことに他人に罵詈雑言《ばりぞうごん》を浴びせかけて、自分が強くなったような錯覚を覚えたり、薄っぺらい正義の味方気分を味わったり……。せっかくの人生なのに、そんな醜《みにく》い行為を繰り返して歳を重ねていくおつもりでしょうか。

でも、きっと本人は、醜い行為だと思っていないんでしょうね。むしろ「カッコイイ俺」ぐらいのイメージを抱いているフシもあります。人はいかに自分を客観的に見ることが難しいか、いかに都合のいいフィルターを通して物事や自分自身を見ているか、しみじみと思わされます。もちろん、私もやってしまっているんでしょうけど。

どんな行為だろうと、基本的にはなるべく「個人の意思」を尊重して、「やめたくなければ、やってればいいいんじゃないですか」と申し上げたいのですが、ここではそうは思いません。個人的に「匿名で悪意を投げつけて喜んでるヤツ」が大嫌いなので、なるべく嫌な気持ちになってもらおうと思います。

かつて村上春樹も人生相談で、人から悲しくなるようなことを言われたらどうすればいいかというお悩みに対して、この言葉を引用しながら答えていました。アメリカの超人気作家スティーブン・キングは、次のようにガツンと言っています。

ウンコ投げ競争の優勝者は、手がいちばん汚れてない人間だ。

ネット上の論争の大半は、それが小難しいことを言い合っていたとしても（美談の称賛や眉をひそめる行為への批判も含めて）、結局は「ウンコ投げ競争」です。あなたのやっていることも、悪いヤツを懲らしめているというのは都合のいい正当化で、ウンコ投げ以外の何ものでもありません。

相手を嫌な気持ちにさせて溜飲を下げているようで、誰よりもウンコまみれになっているのは、あなた自身です。ぜひ、その状態のビジュアルを想像してみてください。

私たちは、手をまったく汚さないままでは生きられません。時には手を汚す覚悟も必要です。しかし、わざわざウンコを投げて手をウンコまみれにするのは、あまりにもバカバカし過ぎます。目先の気持ちよさに溺れてしまったら、次から次へと新しい感触のウンコをつかみに行きたくなるでしょう。仮にあなたが、自分はそんな人生でべつにいいと思ったとしても、世の中がウンコ臭くなるので、ぜひやめてください。

スティーブン・キングが残した言葉には、こういうものもあります。

楽しくなければ何をやっても無駄である。

ネットでの大暴れは、心の底から楽しいわけじゃないですよね。ウソっぽくてハタ迷惑な楽しさじゃなくて、自分が本当に「楽しい」と思えること見つけて、なるべくそういうことをやっていきたいものです。

恐ろしいことに、ネットにはたくさんの罠が待ち受けています。自分が今、うっかり罠にはまってウンコ野郎になっていないかどうか、コマメに気をつけながら使う癖をつけたほうがいいでしょう。私も気をつけます。

今回の大人メソッド

頭に血が上ったら「ウンコ投げ競争」の光景を想像する

ネット上のたいていの論争や騒動は「ウンコ投げ競争」です。リアル世界でも、意地悪されて仕返しをしたり、悪口を言われて言い返したりなど、つい「ウンコ投げ競争」に参加したくなるケースは少なくありません。頭に血が上ったときは「ウンコ投げ競争」の光景を想像すると、無駄な反論や邪悪な感情を投げ返したい欲求を抑えることができるでしょう。

私の苦悩
5

カリスマ社長に「俺に学べ！」と言われるのが辛い

創業五年目のＩＴ企業に勤めています。社長はたまにテレビにも出ている有名人で、能力もカリスマ性も半端じゃありません。おかげで、会社の業績も好調です。社長のことは大好きだし尊敬していますが、何かというと「俺に学べ！」「俺を追い越すつもりでやれ！」とハッパをかけられるのが苦痛でたまりません。何の才能もカリスマ性もない自分が、社長のようになるなんて無理です。分相応の目標ではダメなんでしょうか。

（東京都・二十六歳・システムエンジニア）

岡本太郎の言葉を訊け！

一九一一年〜一九九六年。神奈川県生まれ。芸術家。若い頃はパリで数々の芸術運動に参加した。戦後、現代芸術の旗手として大活躍。一九七〇年の大阪万博ではテーマ館をプロデュースし『太陽の塔』を制作した。

ずいぶん謙虚な方ですね。「分相応の目標」って？　あなたの「分」は誰がどんなふうに決めるんでしょうか。社長のもどかしさが間接的に伝わってくる気がします。

社長はきっと、あなたに見込みがあると思って、ハッパをかけてくれているに違いありません。見込みがあるかないかはさておき、とりあえずハッパをかけてくれているんだとしても、それはそれでありがたいこと。勝手にプレッシャーを感じて、及び腰になっている場合ではありません。

その社長のことが大好きで尊敬しているんだったら、目標にさせてもらうのが社長のハッパの有効な活用法であり、社長にとっても嬉しい使われ方かと思います。せっかく近くにいるんですから、仕事ぶりをしっかり見て、たくさんのことを学ばせてもらいましょう。ダメな部分や疑問に思うやり方をするときもあるでしょうけど、時には「反面教師」になるのも、お手本としての大切な役割です。

断言してしまいますが、あなたが自分の「分相応」を低く見積もりたいのは、楽をしたいからに他なりません。全力を尽くしても社長に近づけなかったときに、傷つかずに済むように予防線を張りたいという思惑もありそうです。大阪の万国博覧会で『太陽の塔』をつくった岡本太郎は、少し古い話ですがＣＭで「芸術は爆発だ！」と言っていた人で、ガツンとくる名言をたくさん残しています。

よく、あなたは才能があるから、
岡本太郎だからやれるので、
凡人にはむずかしいという人がいる。
そんなことはウソだ。
やろうとしないから、やれないんだ。
それだけのことだ。

自分はカリスマ社長のようにはなれないと、近づこうとする前から決めつけるのは気が早すぎます。本当になれないとしたら、最大の理由はなろうとしないから。カリスマ社長だって、最初からカリスマ社長だったわけじゃありません。最初は、せいぜい「カリ（仮）社長」か、もしかしたら「カス社長」か「カマ社長」ぐらいだったかも。いや、うまいことを言いたいばっかりに、話がそれました。

「でもやっぱり、素質や才能が違うから……」と、あなたはグズグズ言いたいかもしれません。岡本太郎に、もっとガツンと言ってもらいましょう。

自分はあんまり頭もよくないし、
才能のない普通の人間だから何もできないんじゃないか、
なんて考えるのは誤魔化しだ。
そういって自分がやらない口実にしているだけだ。
才能なんてないほうがいい。
才能なんて勝手にしやがれだ。

もちろん、社長のコピーになる必要はありません。とことん吸収して、その上でいつの日か自分だけの世界を築いてください。「分相応の目標」なんてものは、足かせやサボる口実になるだけです。

今回の大人メソッド

夢や目標の段階で自主規制する必要はない

どんな大物も成功者も、当たり前ですが同じ人間です。「あの人だからできたけど、自分には才能がないから無理」と思うのは、努力から逃げるための言い訳に過ぎません。漠然とした夢にせよ具体的な目標にせよ、自主規制なんてせずに遠慮なく夢をふくらませましょう。そこに近づけるように頑張ればいいだけです。ま、夢や目標ばかり大きい人も困りますけど。

私の苦悩 6

失敗続きの「負のスパイラル」から抜け出したい！

仕事で失敗ばかりして、会社でも家でも日々落ち込んでいます。書類の数字を間違えるのはしょっちゅうだし、打ち合わせに行くときに大事な資料を忘れていったり、上司との世間話で余計なことを言ってムッとされたり……。先輩や同僚は「落ち込まなくても大丈夫だよ」と慰めてくれますが、失敗してニコニコしているわけにもいきません。失敗したくないと思えば思うほど、激しく緊張してまた失敗してしまいます。この負のスパイラルから抜け出すには、どうすればいいんでしょうか？

（埼玉県・二十五歳・広告）

明石家さんまの言葉を訊け！

一九五五年和歌山県生まれ。お笑い芸人界のレジェンド。司会者や俳優としても活躍。「さんま」という芸名は、実家が水産加工業を営んでいたことから命名された。座右の銘は「生きてるだけで丸もうけ」。

当たり前ですけど、世の中に失敗しない人はいません。仕事にも人生にも失敗はつきものです。もしあなたが「絶対に失敗しない人間になりたい」と思っているなら、それは図々しい望みだと言えるでしょう。しかも、失敗しないことを目標にするような了《りょう》見《けん》では、周囲から「つまらないヤツ」と思われるのは確実だし、自分だって楽しいはずがありません。

あなたが抜け出すべき「負のスパイラル」は、次々に失敗してしまうスパイラルではなく、いちいち落ち込んでしまうスパイラルではないでしょうか。

そりゃまあ、失敗も少ないにこしたことはありませんが、減らすことを目指しても逆効果なのはすでに身に染みているかと思います。いちいち落ち込まなくなったら、きっと失敗自体も減るでしょう。

お笑い界の大御所として、五十代以下の日本国民が物心ついたころから第一線で走り続けている明石家さんま。失敗もたくさんしたでしょうが、どうやって乗り越えてきたのか。次のガツンとくる言葉から、彼が長く活躍できている理由がうかがえます。

俺は、絶対落ち込まないのよ。落ち込む人っていうのは、自分のこと過大評価しすぎやねん。過大評価しているから、うまくいかなくて落ち込むのよ。人間なんて、今日できたこと、やったことがすべてやねん。

あれだけテレビに出まくっている彼が、いちいち反省して落ち込んでいたら、明るく元気な顔を見せ続けることはできないでしょう。

落ち込むのは、心の中に「本当は自分はもっとできるはず」という気持ちがあるから。しかし、それは幻想の自分です。失敗ばかりしてしまう自分こそが、本当の自分なんだと自覚することが大切。都合のいい自分をイメージしている限り、成長するために何が必要なのかを直視し、本当の意味で謙虚に反省することはできません。

もうひとつ、あなたは大きな勘違いをしています。先輩や同僚が「落ち込まなくても大丈夫だよ」と言ってくれるのは、慰めたいわけではなく、職場でそんな態度を取られるのがうっとうしいから。落ち込んでいる姿を見て、周囲が「反省していてエライなあ」「かわいそうになあ」という気持ちになってくれていると思ったら、大間違いです。

目の前で落ち込まれたら、やさしい言葉のひとつもかけないわけにはいかないし、見ているほうだってテンションが下がります。姑息《こそく》な言い訳なんかしていないで、失敗したときほどニコニコしているのが、大人の気合いでありマナーに他なりません。なかには「ヘラヘラするな」と言ってくる人もいるでしょうが、そんなダメなヤツのことなんて気にしていないで、ちゃんとわかってくれる人に向けて、がんばってニコニコしましょう。

さんまは、失敗についてこんなふうにも語っています。

失敗を失敗だと思わないような人間になれってことやな。失敗を楽しめる人生を暮らすことが一番良い。

この境地にたどり着けたら、もう怖いものはありません。生きている限り失敗と縁が切れないなら、開き直って失敗を楽しんでしまいましょう。とはいっても、たどり着くまでの道のりは厳しそうです。でも、大丈夫。「失敗を楽しむことに失敗したことを楽しむ」というセーフティネットもあるので、気楽に挑めます。

今回の大人メソッド

落ち込むことと反省することは似て非なるもの

たとえば仕事で失敗したときに、周囲にわかるように「ああ、俺ってダメだなあ」と落ち込むのは、押しつけがましい「反省してますアピール」でしかありません。ひとりで落ち込むのも、要は「俺は本当はこんなはずじゃないのに」と自分で自分を慰める行為です。いずれも反省とは似て非なるもの。大人としては、そこを混同しないように気を付けましょう。

私の苦悩
7

朝の「定期便《べん》」で一日のテンションが左右される

くだらない話に聞こえるかもしれませんが、自分にとっては深刻な悩みなんです。朝、トイレに行くじゃないですか。そのときにスッキリ出るかどうかで、その日の気分や仕事への意欲が大きく左右されてしまうんです。半端な出方をした日は妙にイライラするし、出なかった日なんて気分がドーンと沈んでミスも多くなります。「定期便」の結果を気にしないで一日を過ごすには、どうすればいいんでしょう。

（愛知県・二十七歳・自動車販売）

三浦知良の言葉を訊け！

一九六七年静岡県生まれ。横浜FC所属。十五歳でブラジルに単身渡航し、プロサッカー選手になる。一九九三年発足のJリーグでは初代MVPに輝き、以後も大活躍。イタリア、クロアチア、豪州でもプレーをした。

けっして、くだらない話ではないと思います。むしろ、時にはくだったりするという話ですね。いや、すいません。

たしかに、しっかりした形状のものがスッキリ出てくれると、底知れない多幸感に包まれます。しかし、多幸感にせよ物足りない思いにせよ、あくまで一瞬のもので、ほとんどの人は朝の結果を一日引きずることはないでしょう。朝のテレビ番組でやっている占いの結果をすぐに忘れてしまうように。

スッキリ出た日は、爽快でアゲアゲな一日を過ごせるわけですよね。問題は、そうじゃない日をどう乗り切るかです。

もしかしたらあなたは、半端な出し方しかできなかった自分、あるいは出すことができなかった自分を無意識に「ダメなヤツ」だと否定し、挫折感にさいなまれて、そんな一日には価値がないと考えているのではないでしょうか。

世界最年長のプロサッカー選手であり、今日も前人未到の境地に挑み続けているキング・カズこと三浦知良選手は、栄光と挫折について、こうガツンと言っています。

人生には良いときも悪いときもある。
大きな実績をあげれば自信がつく。
挫折したときでも、
そこからはい上がることで踏ん張る力が身につく。
栄光と挫折の両方を経験することで、
人は大きく成長していけるのだろう。

人生は「スッキリ出た日」ばかりではありません。スッキリとした実績を支えに自信をふくらませるのは、大いにけっこうです。しかし、あなたを成長させてくれるのは、むしろ「スッキリ出なかった日」ではないでしょうか。
「今日はスッキリ出なかったけどがんばろう」と思うことで、踏ん張る力が身につきます。

踏ん張る力が鍛えられれば、その分、明日の栄光をつかむ可能性も高まるでしょう。スッキリ出る日もあればそうじゃない日もあるからこそ、大きく成長できるのです。

「自分は『朝の結果』なんてすぐ忘れるから関係ない」と思いながら読んでいる人もいるかもしれませんが、それはとんでもない心得違い。相談者はたまたま「朝の結果」にこだわり過ぎる癖があるというだけで、誰しも過剰にこだわってしまう何かを持っているはずです。

「上司に嫌われたから俺はもうおしまいだ」と落ち込んだり、「大きなミスをした自分はすっかり信用を無くした」と絶望したり、あるいは学歴に引け目を感じ続けていたりするのも、広く言えば「朝の結果」を引きずるのとたいして変わりありません。

カズは、こんなガツンとくる言葉も言っています。

常に何かに挑戦していれば輝きは失われない。挑戦してその結果が成功だとか、失敗だとかではない。挑戦したときがもう成功といえるのではないだろうか。

大切なのは結果に縛られないこと。そして挑戦し続けること。スッキリ出ようがイマイチだろうが、トイレに腰を掛けて挑戦した時点で、今日もそれなりに健康な状態にあるという「成功」を手にしています。たとえいい結果が出なくても、胸を張って会社に行きましょう。がんばっていれば、運（ウン）はそのうち必ずやってきます。

今回の大人メソッド

挫折や失敗に意味を見い出すのは大人の生活の知恵

トイレがらみの名言に「カミに見放されたものは、自らの手でウンをつかめ」というのがあります。挫折や失敗に直面すると、カミに見放された気になるかもしれません。しかしそんな時でも、私たちには自らの手でウンをつかむという方法が残されています。挫折や失敗に意味を見い出そうとするのは、ウンをつかむための大人の生活の知恵と言えるでしょう。

第2章 上司や先輩というムカつく存在

私の苦悩
8

上司が野球と相撲の話しかしなくてウンザリ

私の上司は、毎朝「昨日のドラゴンズは情けなかったなあ」「高安は強くなったね」といった調子で、野球や相撲の話しかしません。興味ないっての！　いつも適当に流しているのに、やめてくれなくてつらいです。どうすればほかの話題を振ってくれるでしょうか。いっそのこと「野球と相撲のこと以外、興味ないんですか？」とビシッと言ってやろうかとも思っています。

（愛知県・二十四歳・事務職）

マハトマ・ガンジーの言葉を訊け！

一八六九年～一九四八年。インド生まれ。インド独立運動の指導者。「非暴力主義」を貫いてイギリスからの独立を果たした「インド建国の父」。「マハートマー」は「偉大なる魂」を意味する敬称。

いい上司を持って幸せですね。もしも、AKBと欅坂46の話しかしない上司とか、原子力発電の是非について毎日意見を求めてくる上司だったらどんなにつらいことか。いやまあ、相手や状況によっては、AKBや欅坂46の話もきっと楽しいし、原子力発電の是非についてもしっかり語り合いたいところですが、上司との世間話向きの話題ではありません。

仮にその上司が、野球と相撲にしか興味がないとしても、それはそれでいいじゃないですか。悪い人ではなさそうです。部下と少しでもコミュニケーションを取ろうと思って、野球や相撲という無難な話題をせっせと繰り出してくれているとしたら、その気持ちを受け止めて心の中で手を合わせつつ、無難に対応するのが大人の度量であり心意気です。

それより、なぜあなたは、そこまで腹立たしいのでしょうか。インドの独立運動を主導したマハトマ・ガンジーが、まるであなたのためにあるような言葉を残しています。

弱い者ほど相手を許すことができない。許すということは、強さの証だ。

勝手に決めつけますが、あなたは世間話を恐れています。大人として一人前だという自信がないから、上司のことも恐れています。ビクビクしているから、野球と相撲の話しかしない上司に対して、やたらと腹を立てているように見受けられます。

ガンジーは許すことが強さの証だと言っていますが、まずは許すことで少し強くなってみましょう。さらに、ガンジーはこうも言っています。

他人に変わって欲しければ、自ら率先して変化の原動力となるべきだ。

野球や相撲の話が嫌なら、上司に期待するより自分がほかの話題を振ったほうが話は簡単です。明日は試しに、サッカーやテニスの話題でも振ってみたらどうでしょう。そうすることで初めて、世間話を振る側のプレッシャーや不安、そして相手の反応を通して得られる喜びや悲しみなど、大人として大切なことをたくさん学べるはずです。

今回の大人メソッド

話がつまらないと思ったら自分のつまらなさを疑え

相手に責任を押しつけても何も解決しないし、大人としての成長もありません。上司が根っからの「つまらない人」だったとしても、話題をふくらませられない技量のなさ、受け止めきれない余裕のなさなど、すべて自分のせいだと思ってしまいましょう。そうすることで、つまらない話への耐性がつくなど、つまらない話をされるという貴重な体験を有効に活用できます。

私の苦悩
9

考え方が古い上司に毎日イライラさせられる

頭の中が化石みたいな五十代の上司に、毎日イライラさせられています。忙しそうだからと気をつかって簡単な報告をメールで送ったら、「なんで直接報告しないんだ。そんなに俺と話したくないのか！」と怒り出すし、ふた言目には「もっと足を使え。営業は相手と顔を合わせてナンボだ！」と古臭い考え方を押し付けてきます。そんなの非効率なだけで意味ないのに。上司というだけで、あんなダメなオヤジの言うことを聞かなきゃいけないのが、すごくストレスです。

（東京都・二十八歳・営業）

吉田松陰の言葉を訊け！

一八三〇年〜一八五九年。長州藩（現在の山口県）生まれ。思想家、教育者。明治維新の精神的指導者。松下村塾を主宰し、高杉晋作、伊藤博文、山県有朋など数多くの維新志士を教え育てた。二十九歳で刑死。

今でもけっこういそうですね、そういう上司。イライラさせられている様子が、ありありと伝わってきます。28歳といえば、仕事にも多少自信がついて、オヤジ世代のことをいちばんうっとうしく感じる頃かもしれません。

ただ、元気がいいのはたいへんけっこうですが、自動的にダメなオヤジと決めつけてしまうのは、ちょっともったいない気がします。明治維新の精神的指導者として知られる吉田松陰は、こんなガツンとくる言葉を残しました。わかりやすいように、現代語風に訳してご紹介します。

自分の価値観をもって人を責めることなかれ。

自分と価値観や考え方が違うからといって、相手に対していちいち攻撃的な気持ちになっていたらキリがありません。世の中にはいろんな人間がいます。「なんでそんなふうに考えるんだ」「なんでこういう行動を取るんだ」と思っても、それをこっちで変えることはできません。

誰しも自分の考えややり方が正しいと思っていますが、それは無数にある「正解」のひとつです。他人に押し付けようとするのは無茶な話。どうあがいても他人は変えることができないのに、どうにか変えたいと思ってしまって、それが人間関係のストレスを生む原因になっているケースは多々あります。

もちろん、上司のやり方がどうしても納得できなくて、このままでは仕事に支障が出るということなら、きちんと話し合いましょう。松陰はこうも言っています。

諫言《かんげん》もできない者は、
戦のときに真っ先に敵陣に攻め込むこともできない。

怖かろうと何だろうと、直接「それはおかしいと思う」と言えずに、不満を溜めることしかできないようでは、ダメ呼ばわりしている上司と五十歩百歩です。あるいは、上司にケチをつけたいだけで、あなたが不満に思っていることは、たいした問題ではないのかもしれません。

イライラしてないで、せっかくなら価値観の違う相手から学べるところを探してみましょう。きっと多少は勉強になるし、しかも自分がデカい人間になった気にもなれて一石二鳥です。

今回の大人メソッド

価値観の違いは、責めるより尊重したほうが何かとお得

価値観が違う相手を心の中で責めるのは、ついやりたくなりますけど、ストレスがたまるだけで何の実りもありません。「そういう人もいる」と相手を尊重した上で、考え方の好き嫌いはさておき、学べるところを探してみましょう。反面教師にしてもかまいません。「広い心で嫌なヤツからも学ぶ俺ってどうよ」と、こっそり悦に入るのも一興です。

私の苦悩 10

先輩に尊敬や感謝の気持ちを力強く伝えたい

先輩には入社以来、世話になりっぱなしです。ほんとにすごい人で、仕事ができるのはもちろん、人格的にもあんなにできた人はいません。酒を飲んだときとかには、いつも「尊敬してます」「感謝してます」と言ってはいるのですが、そんなありきたりの言葉じゃ、自分の気持ちがちゃんと伝わっていない気がします。ものすごく尊敬していて、ものすごく感謝していることが力強く伝わる言い方はないでしょうか。

（兵庫県・二十四歳・運輸業）

井ノ原快彦《よしひこ》の言葉を訊け！

一九七六年東京都生まれ。歌手、俳優、司会者。一九九五年にV6のメンバーとしてデビュー。NHK総合『あさイチ』でキャスターを務め、番組内での「神発言」「神対応」がしばしば話題を集める。

よっぽどすごい人なんでしょうね。ここまで思ってもらったら、先輩もきっと嬉しいでしょう。たしかに、尊敬や感謝の気持ちを伝えるのは簡単ではありません。ストレートなホメ言葉や称賛の言葉を重ねれば重ねるほど、逆にウソ臭く響いてしまったりもします。

先輩後輩といえば、ジャニーズ事務所に所属する人たち。いろんなグループがあって、なかにはややこしいことになってしまったケースもありますが、まあ長くやっていればいろんなことがあるでしょう。

それはさておき、メンバーの仲がとてもいいと評判なのが、一九九五年に結成されていつの間にか二十年以上の歴史を重ねているV６です。朝のワイド番組での司会っぷりでも高い評価を得ている、イノッチこと井ノ原快彦ら六人が所属。ちなみに、二〇一七年十二月現在、最年長の坂本昌行が四十六歳、最年少の岡田准一が三十七歳です。

なかでも、イノッチのメンバー愛はとくに半端なく強いとか。かつてメンバーの三宅健について、こんなことを言っていました。

三宅健はね貴重な人材だと思うよ、俺は。やっぱりね、ほかのグループ見たりしても、あぁ、そちらさん三宅健いらっしゃらないのね、うちにはいますけど？　って思いますよ。

深い尊敬がひしひしと伝わってくる言い方です。これを使わせてもらうのはどうでしょうか。できれば本人に聞こえる場面で、第三者に向かって「三宅健」のところに先輩の名前を入れ（「さん」を付けるのをお忘れなく）、「ほかのグループ」を「ほかの会社」にアレンジして力強く言い切れば、きっと感激してもらえるでしょう。

「貴重な人材」を「すごい人材」や「世界でもまれに見る人材」などにしてもよさそうです。本人がいない場面でせっせと言い続けて、そのうち間接的に伝わることを期待するのも一興ですね。

ちなみにイノッチは、こうも言っています。

仲間はいっぱいいても、本当の友達なんて一人か二人しかできないもんだし。

これも「仲間」を「先輩」、「本当の友達なんて一人か二人」を「本当に尊敬できる人はめったに」とアレンジすれば、響く表現になりそうです。

ところで、そもそもの話ですけど、尊敬や感謝ってそんなにがんばって伝えなければならないものでしょうか。本気で尊敬したり感謝したりしていれば、言わなくてもわかってくれているのではないでしょうか。本人にしてみたら、伝えられたところで反応に困りそうです。

失礼な推測ですけど、もしかしたら相談者は、仕事があまりうまくいってなくて、自信のなさや不安をカバーするために、「ご機嫌取りたい欲」が高まってるのかも。だとしたら、やろうとしていることは完全に逆効果です。

後輩の務めは、そして尊敬や感謝を伝えるいちばんいい方法は、仕事を頑張って、きちんと成長することに他なりません。ダメな後輩に尊敬や感謝ばっかり伝えられても、相手がちゃんとした先輩だったら、きっと微妙な気持ちになるでしょう。

まずは自分の胸に手を当てて、なぜ伝えたいのかをよく考えてみてください。ヨコシマでセコイ気持ちがあったとしたら、伝えないのも勇気です。どちらかが異動することになって離れ離れになるときにでも、満を持して伝えるのがいいんじゃないでしょうか。

今回の大人メソッド

尊敬や感謝を伝えたいときは動機に注意

もちろん、それが素直な気持ちから出たものなら、尊敬や感謝の気持ちをきちんと伝えるのは、とても大切です。しかし、とくに先輩や上司や取引先など、力関係が上の人に対して強く「伝えたい」と思ったときは、自分の中に「ご機嫌を取りたい」とか「媚《こ》びたい」といった気持ちがないかどうか疑ってみましょう。あるとしたら、それはすぐに伝わります。

私の苦悩 11

体育会系育ちなので先輩に過剰にビビってしまう

高校大学とバレー部に入っていたが、バリバリの体育会系で先輩の言うことには絶対服従だった。そのトラウマなのか、今でも「先輩」という立場の人を前にすると、とにかくビビッてしまう。「もっと普通に接すればいいんだよ」と注意されることもしばしばだが、そう言われるとまた激しく恐縮してしまい……。先輩とフランクに接している同僚がうらやましい。どうにもならないんだろうか。

（静岡県・二十六歳・販売）

アドラーの言葉を訊け！

一八七〇年～一九三七年。オーストリア生まれ。心理学者。一時期フロイトに傾倒するが、のちに袂《たもと》を分かつ。人間を総合的に研究する「個人心理学」の創始者。日本では無名だったが、近年大ブレイクした。

たぶん学園ラブコメマンガを読み過ぎたせいだとおもいますが、「先輩」っていう響きには妙な憧れを抱いてしまいます。ああ、瞳がキラキラ輝いているかわいい後輩（もちろん女子）に、そう呼ばれてみたいなあ……。今となっては「先輩」と呼んでくれるのは、呼び込みのおにいさんだけだなあ。いや、ぜんぜん違う話ですいません。

きっと自分でもわかっているかと思いますけど、相手が何年か先に入社しているからといってビビる必要なんてないし、相手だってビビられても迷惑でしょう。そりゃある程度の敬意を持って接したほうがいいかもしれませんけど、いわゆる「先輩風」を吹かせて威張りたがる先輩も（ダメな先輩以外には）いないはずです。

トラウマという言葉もずいぶん一般的になりましたが、過去の経験が現在に影響を与えることは、もしかしたらあるかもしれません。ただ、会社の先輩とバレー部の先輩とでは、「先輩」という立場に対する考え方がぜんぜん違います。勝手にいっしょくたにしてビビり続けるのは、けっこう失礼だと言えるでしょう。

近ごろ、すっかり人気者になったアルフレッド・アドラー。ちょっと前には、彼の教えを対話形式でわかりやすく解説した『嫌われる勇気』や『幸せになる勇気』が大ヒットしました。今まで心理学者といえば、日本ではフロイトやユングが有名でしたが、アドラーもじつはそのふたりに匹敵する大物だったとか。

彼は、こんなガツンとくる言葉を言っています。

人は過去に縛られているわけではない。
あなたの描く未来があなたを規定しているのだ。
過去の原因は『解説』になっても
『解決』にはならないだろう。

アドラーは「トラウマ」を明確に否定しています。学生時代に体育会系の部活を経験した人は、全員があなたのように「先輩恐怖症」になるのかといえば、そんなことはありません。

ということは、あなたが心のどっかで望んで「先輩を怖がる自分」になろうとしてると言えます。そのほうが楽チンだからなのか、元体育会系ってことにプライドの拠り所を見つけようとしているのか、理由はいろいろでしょうけど。

過去の経験のせいにしたところで、何も「解決」はしません。本気で今のままじゃいけないと思っているなら、「先輩と普通に接することができる自分になる」という未来をイメージして、そこに向かって歩き始めましょう。

アドラーは、こうも言っています。

人生が困難なのではない。
あなたが人生を困難にしているのだ。
人生はきわめてシンプルである。

先輩との接し方に限らず、人との接し方や仕事への取組み方など、私たちは理想と現実のギャップに出合うと、過去を引っ張り出してきて話をややこしくしたり、変われない理由を一生懸命に探したりしがち。話はもっとシンプルで、変わりたい方向にさっさと変わって、なりたい自分になってしまえばいいだけです。

簡単には変われないかもしれませんが、誰もそれを止めはしません。「変わるとたいへんだから、変わらないほうがいいよ」とささやいてくるのは、自分自身だけです。

今回の大人メソッド

「トラウマ」とか言っている人は変わる気がない

こういう言い方をすると、怒る人もいそうですね。しかし、過去がどうであろうと今の環境がどうであろうと、誰にだって「変わる自由」はあるはずです。そりゃ、自分や状況を変えるのは容易ではありませんが、「トラウマ」を言い訳にしたり変わる難しさを解説したりしていても仕方ありません。本気で変わりたいなら、とにかく行動を起こしましょう。

私の苦悩
12

上司に愛想を尽かされた。もう、お先真っ暗だ

これまで目をかけてくれた上司が、急に冷たくなった。俺が仕事で大きなミスをしてしまったからだ。しかも、どうにか隠せないかと思っているうちに報告が遅れたり、小さなウソをついていたことがバレたりなど、悪いことが重なってしまった。何度も謝ったのだが、許してもらえそうにない。この会社での俺の未来はお先真っ暗だ。もう転職するしかないのだろうか。毎日が針のムシロだ。

（群馬県・二十九歳・メーカー）

只野昭雄（再建おじいさん）の言葉を訊け！

岩手県大船渡市で、一九七七年から「只野旅館」を経営。二〇一一年三月十一日の東日本大震災で津波に遭い、旅館の三階に避難。三日目の朝に救助された際の笑顔と言葉が、日本中に勇気と感動を与えた。

読んでいるうちに腹が立ってきました。どんだけ会社命のサラリーマン根性が染みついているのかと。上司との関係が悪化したからって、命まで取られるわけじゃありません。誠実に謝って心を入れ替えて仕事に精を出していれば、そのうちどうにかなります。今、尻尾を巻いて転職したところで、また同じことをやるだけでしょう。

それはそうと、東日本大震災から早いもので六年以上が経ちました。たくさんの命が失われました。直接被災した方の苦しみが癒《い》えることはないし、復興もなかなか進みません。しかし、被災地以外に住む私たちは、あの時にどれだけショックを受けて、どれだけ悲しかったかということや、何とか応援したいと心から思った気持ちをすっかり忘れてしまっています。

地震が起きてから三日後に、壊れかけた建物から助け出されたおじいさんのこと、覚えてますか。いっしょに避難していたふたりの女性とともに、三日ぶりに自衛隊に救助された際、おじいさんはテレビカメラとマイクに向かって、笑顔で力強くこう答えました。

大丈夫です！
チリ津波ん時も体験してっから。大丈夫です！
また再建しましょう！

おじいさんは、岩手県大船渡市で旅館を経営していた只野昭雄さん。彼のこの言葉は、「本当の強さ」とは何かを私たちに教えてくれました。被害の大きさを受け止めきれずに、テレビの前でオロオロしていた私たちは、ガツンと喝を入れられます。

只野さんは、その後ネット上などで、尊敬を込めて「再建おじいさん」と呼ばれました。その言葉どおり、奥さんと力を合わせて翌年六月に旅館を再建。そして再建を見届けた三か月後に、残念ながら病気でお亡くなりになりました。享年八十三歳。極限の状況でも前を向いていた只野さんの姿と、上司に嫌われたとウジウジ悩んでいる自分の姿。頭の中で比べてみてください。たぶん、恥ずかしい気持ちになるかと思います。

でも、私たちも人ごとじゃありません。あなたは私たちです。震災があった直後は、生きていることのありがたさや助け合うことの大切さを思い知ったはずなのに、今はこの体《てい》たらくです。細々した出来事にクヨクヨしたり芸能人の不倫に大騒ぎしたり、政治家の失言に腹を立てる自分にウットリしてみたり。恥ずかしいし、情けない話です。

上司に嫌われても会社が潰《つぶ》れても、あなたの未来はなくなりません。自分がいかに「会社」に縛られた狭い視点でしか物事を見ていないか、まずはそこに気づきたいところ。私たちもそれぞれ胸に手を当てて、何が自分を縛っているのかを考えてみましょう。

今回の大人メソッド

おっさんサラリーマンのフリ見て我がフリ直せ

今日も全国各地の赤ちょうちんでは、おっさんサラリーマンが威勢よくクダを巻いています。狭い世界の中での自己肯定に満ちた彼らの言いぐさにこっそり耳をすませれば、いろんなことを考えさせられるでしょう。「ああはなりたくない」と反面教師にするもよし、自分もしばしばやってしまっている場合は、そのみっともなさを再認識してみるのも、またよしです。

私の苦悩
13

ボンクラなジュニアが社長になって会社が危ない

オーナー企業は、これだから嫌なんだ。どこの部でもお荷物で、しばらく「何にも専務」をやっていた創業社長のジュニアが、いきなり社長を継ぐことになった。今の社長が体を壊して、早めの引退を決心したそうだ。このジュニア、ボンクラだけならまだいいけど、性格も最悪で人望がまったくない。一代でこの会社を築いて、社員からも取引先からも尊敬されている今の社長とは大違いだ。社員のあいだでは「もう会社はおしまいだ」という悲鳴が上がっている。早めに転職を考えたほうがいいだろうか。

（愛知県・二十九歳・小売り）

リンカーンの言葉を訊け！

一八〇九年～一八六五年。アメリカ生まれ。第十六代アメリカ大統領を務めた政治家。奴隷制度を巡って起きた南北戦争を勝利に導き、奴隷解放を推し進めた。戦争終結直後、観劇中に反対派に暗殺される。

ありそうな話ですね。創業社長は凄腕だけどジュニアはボンクラというケースも、社長の交代が決まって社員がアタフタしてしまう状態も。ジュニアがどれだけボンクラなのかはわかりませんが、さすがに会社がすぐどうこうなるわけではないでしょう。

ジュニアはジュニアで社長業をがんばってもらうとして、社員が悲観的になって悲鳴を上げていたり、さっさと逃げ出そうとしたりしていることのほうが、よっぽど心配です。状況に流されるばかりで、まったく当事者意識のない社員ばかりだとしたら、それこそ未来はありません。あなたやあなたの周囲だけが悲観的になっている可能性もありますが、だったらなおさら、ちょっと落ち着いてください。

恵まれた立場のジュニアを悪く言いたくなる気持ちも、会社の上層部を辛《しん》らつに批判することで自分が偉くなった錯覚を味わいたい意図も、よくわかります。でも、そういう絵に描いたような反応をするのって、つまんなくないですか。妬《ねた》み嫉《そね》みやセコイ了見をベースに目先のプライドを満たしていないで、どうせならもっと欲張りましょう。

周囲とも相談しながら接し方やおだて方を工夫すれば、ボンクラな社長がそれなりに持ち味を発揮するかもしれません。会社が大きく変化する中で、自分の仕事のやり方が今までどおりでいいのかどうか見直したり、何を守って何が変えられるかを模索したりなど、できることは山ほどあるはずです。

そういうことに頭を絞ったほうがよっぽど有意義だし、よっぽど張りのある毎日を過ごせるでしょう。うまくいくとは限りませんが、転職を考えるのは「やっぱりダメか」という結論が出てからでも遅くはありません。

今、やたらアクの強いアメリカ大統領が何かと話題になっています。彼と比較するのは失礼かもしれませんが、アメリカ政治史上最も尊敬され「奴隷解放の父」と呼ばれた第十六代大統領のエイブラハム・リンカーンの言葉を三つまとめてご紹介しましょう。

本当に人を試したかったら権力を与えてみることだ。

未来を予測する最良の方法は未来を創ることだ。
たいていの人々は、自分で決心した分だけ幸せになれる。

地位が人を作ると言います。社長になることで、ジュニアは人が変わるかもしれません。ひとごとみたいに「どうなるんだろうな……」と不安をふくらませたり仲間同士で文句を言ったりしているヒマがあったら、自分に何ができるかを考えて行動に移しましょう。なるべく高い志を持とうと決心することが、たくさんの幸せをつかむ必須条件です。

もちろん、ジュニアや会社に忠誠を誓う必要なんてさらさらありません。あくまでも、自分の成長や幸せのために、置かれた状況をどう利用するかという話です。状況を変えたほうがいいと判断したら、しがらみなんてさっさと断ち切りましょう。大方の予想通り、ジュニアはやっぱりダメなままで、会社がガタガタになる可能性も大いにあります。「このままじゃいけない」と思う現実があるなら、何はさておき正面からぶつかってみるのがいちばん。ぶつかってもダメなときでも、ぶつからないとなおさらダメなことになります。いずれにせよ、陰で不平不満を言うことが「勇敢な闘い」だと思っているうちは、誰が社長になろうがどこの会社に行こうが、満たされない気持ちはなくなりません。

今回の大人メソッド

目指そう！　自分の自分による自分のための人生

せっかくなので、ここもリンカーンの名言をもじってみました。現状に文句を言って留飲を下げたりトップを批判して悦に入ったりするのは、勇ましいようでいて結局は状況に流されていることを良しとしている受け身の姿勢です。「自分の自分による自分のための人生」を生きるために、今の状況で自分に何ができるかを考えて、あれこれもがいてみましょう。

第3章 同僚や友達というイラつく面々

対抗意識

私の苦悩
14

「ホメられて伸びる」を自称する後輩が伸びない

後輩の指導方法に悩んでいます。自分が指導役を務めている新入社員は、仕事の覚えが悪くてヤル気もイマイチ感じられません。そのくせ、何かというと「ボク、ホメられて伸びるタイプなんです」とこっちをけん制してきます。そう言うならとなるべくホメるようにしているんですが、同じ失敗を繰り返すなどまったく伸びる気配がありません。どう指導すればいいんでしょうか。

（愛知県・二十八歳・イベント企画）

桂歌丸の言葉を訊け！

一九三六年神奈川県生まれ。落語家。落語芸術協会会長。日本テレビ『笑点』で一九六六年のスタート当初からレギュラーを務め、二〇〇六年に五代目司会者に就任した。二〇一六年に司会者を引退。

いやはや、困ったもんですね。徐々に世の中の共通認識になりつつありますが、自分で自分のことを「ホメられて伸びるタイプ」と言うヤツはロクなもんじゃありません。ホメても伸びないし、厳しく接するとすぐに逆恨みします。

これを読んでいる学生の方は、社会に出たときに間違っても自分のことを「ホメられて伸びるタイプ」なんて言わないようにしましょう。「こいつダメだ」とレッテルを貼られる効果しかありません。

若手社会人で、そう言ったら可愛がられるだろうと勘違いして自称してしまっている方は、今すぐ先輩や上司に「よく考えたら、自分は厳しくされて伸びるタイプでした」と訂正しておくことをオススメします。

落語界の重鎮で国民的テレビ番組『笑点』の前司会者だった桂歌丸は、弟子を指導するときにこんなことを心がけているとか。そのふざけた新入社員が、今度「ボク、ホメられて～」とぬかしやがったら、このガツンとくる言葉を返してみてください。

褒《ほ》める人間は敵と思え。教えてくれる人、注意してくれる人は味方と思え。

そいつが意味を理解できるかどうかはわかりませんが、理解できなくて何も変われなかったとしても、残念ながらそれがそいつの人生です。

歌丸師匠は中学生で噺家《はなしか》になってすぐに、師匠からこう言われたとか。師匠の言葉は、さらに続きます。「若いうちに褒められると、そこで成長は止まっちゃう。木に例えれば、出てきた木の芽をパチンとつ摘んじゃうことになる。で、教えてくれる人、注意してくれる人、叱ってくれる人は、足元へ水をやり、肥料をやり、大木にし、花を咲かせ、実を結ばせようとしてくれている人間だ」

じつはホメるのは、指導する側にとってみても楽な接し方です。注意したり叱ったりすれば、相手は反発したり腹を立てたりするでしょう。しかし、ホメておけば「いい先輩」と思ってもらえます。

「叱られるのが苦手」な若者が増えていると言いますが、そんな若者たちを作っているのは、嫌われることを避けてちゃんと叱ることができない無責任な大人たちに他なりません。後輩の木の芽を摘まずに、水や肥料をあげて実を結ばせたいなら、厳しく接するのがいいんじゃないでしょうか。いや、不必要に威張る必要はありませんけど。

ただ、彼は、こうも言っています。

二十歳を過ぎた人間にモノを教えることは何もない。
二十歳になった人間は大人だ。
二十歳を過ぎたら自分で気づくよりほかない。

仕事で一人前に育ってもらうための指導は大切ですが、「性根を叩きなおそう」「別人に生まれ変わらせよう」と思っても、それはたぶん無理な話だし、差し出がましい話でもあります。先輩という立場でできるのは「仕事に必要な具体的な知識や考え方を授けること」だけと言っていいでしょう。

そうこうしているうちに、結果的に人間としての成長が見られることはもちろんあります。でもそれは指導した先輩の手柄ではなく、いろんな経験を経て本人が自分で気づいたから。先輩の分をわきまえて、「俺のおかげ」と思いたい甘い誘惑を振り切るのが、先輩としての大人の美学と言えるでしょう。

それでも、深い感謝や強い絆といったものは生まれるときは生まれるので、寂しく思う必要はありません。

今回の大人メソッド

「相手のため」と気負うと何かと厄介《やっかい》が増える

これもまた甘い誘惑ですが、後輩なり部下なりを指導する側は、つい「このためにやっている」と恩を着せたくなります。そういう一面もあるにはありますけど、あくまで先輩や上司としての「役割」を果たしているだけ、ぐらいに思っておきたいところ。そのほうが自分にとっても相手にとっても、過剰な期待といった呪縛に振り回されずに済みます。

私の苦悩 15

新入社員のご機嫌取りをしている同僚がムカつく

ウチの会社にも何人かの新入社員が入ってきた。なかなか見どころのあるヤツらだ。俺としては厳しく育てたいと思って、言うべきことはビシビシ言うようにしている。ところが、同僚のKはご機嫌取りに余念がない。新入社員たちも当然そのほうが嬉しいから、俺よりもKのことを慕っている。俺は俺なりにヤツらのことを考えているのに……。Kも新入社員のヤツらも、ムカついてたまらない。

（兵庫県・二十七歳・営業）

ユングの言葉を訊け！

一八七五年〜一九六一年。スイス生まれ。精神科医・心理学者。通称「ユング心理学」と呼ばれる分析心理学の創始者。一時期は精神分析の創始者であるフロイトと親交を深めるが、のちに袂を分かつ。

新入社員とどう接するか。当人たちも緊張しているでしょうけど、迎える側も緊張しています。社会人として不慣れな「新人」たちと、先輩として不慣れな「新人」たちが織りなす人間模様。美しくもややこしい光景と言えるでしょう。

相談者のあなたは、ずいぶん激しくKさんにムカついているようです。ついでに新入社員にもムカついているようですが、要するにKさんがうらやましいんですよね。いや、当人は「そうじゃない！」とムキになって反論なさるでしょうけど、けっして責めているわけじゃありません。

そりゃ、後輩には慕われたほうが嬉しいに決まってます。だけどあなたは、Kさんがうらやましいことを認めるのはプライドが許さないので、Kさんのやり方が気に食わないからムカついていると自分に言い聞かせている――。勝手に想像して申し訳ありませんが、そんなふうに見えます。

ユングという心理学者をご存知ですか。深層心理の研究で有名な人です。彼はこういう感じでいらだ苛立っている人に対して、次のようにガツンと言っています。

他人に対して苛立ちを感じたときは、自分自身について知る良い機会である。

後輩に慕われているKさんに苛立っているあなたは、本当は何に苛立っているのでしょう。もしかしたら、後輩に慕ってもらえない自分に対してかもしれません。それを認めたくないから、厳しく接して「嫌われても当たり前」という言い訳をあらかじめ作っているのかもしれません。いや、またしても勝手な想像ですけど。

人それぞれタイプがあります。後輩にわかりやすい形で慕われなくても、べつにいいじゃないですか。「Kのヤツ、さすがだなあ」と涼しい顔をしていれば済むこと。でも、あなたは苛立ってしまう。私の勝手な想像が大ハズレだったとしても、そこまであなたを苛立たせている原因は、Kさんや後輩たちにあるわけではなく、あなたの中にあると思っていいでしょう。

誰かに激しく苛立ったり誰かを激しく嫌ったりしている人は、ほぼ例外なく、自分の側に理由があって「自分にとっての必要性」を満たすためにそうしています。勝手に責められている気分になったり、勝手にコンプレックスを逆なでされていたり、相手の欠点を憎むことで自信のなさや不安をごまかしていたり……。

ユングの言うように、「自分自身について知る良い機会」だと思って、胸に手を当てながらじっくり考えてみましょう。ユングは、こうも言っています。

人生の濁流《だくりゅう》に身を投じている限り、
障害がないという人間はいない。
ある人に合う靴も、別の人には窮屈《きゅうくつ》である。
あらゆるケースに適用する人生の秘訣などない。

時おりみっともない感情を抱いてしまうのは、何せ人生の濁流に身を投じている最中なんですから仕方ありません。後輩との関係の作り方も、人それぞれ。理想的な形なんてありそうでありません。

自分のイヤな部分、不満な部分に目を向けることを怖れすぎると、別の理由を探してきたり、誰かのアラを探して苛立ったりする羽目になるのがオチ。そっちのほうがよっぽど厄介な状況です。「自分は自分」ということで開き直りましょう。

今回の大人メソッド

イヤな部分やダメな部分も含めて自分を認めよう

理想の自分と現実の自分との間には、大きなギャップがあります。人間は往々にして、他人のアラ探しをして苛立つことで、自分のイヤな部分やダメな部分から目をそらそうとしがち。しかし、そんなことをしてもギャップは埋まりません。全部含めて自分を認めてあげるのが、ギャップを少しずつ埋める第一歩であり、胸を張って生きていくための大人の覚悟です。

私の苦悩 16

課長にはなったが部下の「よき兄貴」でいたい

まだ三十歳だが、平均年齢が若い会社なので、このあいだ課長になった。五人の部下ができたが、自分としては何でも話せる兄貴的な存在でいたいと思っている。キャラ的に鬼上司にはなれそうにないし、自分が口うるさい上司で苦労したから、嫌われるような上司にはなりたくない。ヒラ同士のときは仲良くしてきたから大丈夫だとは思うが、コミュニケーションをとる上でどこに気をつければいいのか。

（東京都・三十歳・ＩＴ関係）

野村克也の言葉を訊け！

一九三五年京都府生まれ。元プロ野球選手・監督。ボヤキ節を駆使する野球評論家。一九五四年に南海ホークスに入団。戦後初の三冠王になるなど強打の名捕手として活躍。監督としても輝かしい実績を残した。

ご昇進、おめでとうございます。いわば上司としては新米ですから、夢をふくらませつつも、それなりに緊張していることでしょう。ただ、いきなりのダメ出しで恐縮ですが、このままの了見だと、課長になったはいいけど、部下はついてこないし成果も上げられないという展開になりかねません。

「兄貴的な存在」を目指すのも「嫌われるような上司にはなりたくない」と思うのも、大いにけっこうかと存じます。鬼上司になる必要はないし、自分が苦労させられた「口うるさい上司」を反面教師にするのもいいでしょう。

それはそれとして、行間から「とにかく部下にいい顔をしたい」という姿勢がうかがえるのは気のせいでしょうか。だとしたら、ずいぶんと仕事や組織をなめた態度です。

プロ野球の世界で選手としても監督としても超一流であった野村克也は、リーダーの心得について、ガツンとこう言いました。

好かれなくても良いから、
信頼はされなければならない。
嫌われることを恐れている人に、
真のリーダーシップは取れない。

上司はある意味、嫌われてナンボ。立場が変われば考え方も役割も変わります。部下の反発を気にして言うべきことを引っ込めてしまうようでは、上司は務まりません。信頼される自信がないと、表面的に好かれたいと思いがち。もっと腹をくく括りましょう。

その「口うるさい上司」にしたって、もしかしたらあなたを育てるためにいろいろ言ってくれていたのかもしれません。感情的に反発しているだけだとしたら、いささか幼稚で視野が狭いと言えます。心配なので、もうひとつ野村克也の言葉をご紹介しましょう。

リーダーは、部下を好き嫌いで使うことは許されない。

部下に好かれようとしているということは、部下に対しても好き嫌いの感情を持ち込む気満々ということですよね。しかも、自分に露骨になついてくれるかどうかで、好き嫌いを決めてしまいそうです。自分では慕われている兄貴気取りで。

このままでは最悪の上司になりかねません。まだ間に合います。上司にとって大事なことは何か、上司の役割は何か、あらためて考えてみましょう。

今回の大人メソッド

上司が「好かれること」を目指すのはお門《かど》違い

結果的に「部下に慕われている上司」は存在します。しかし、結果的にそうなるのは大いにけっこうですが、最初から本人が「部下に好かれること」を目指すのは、お門違いであり役割の放棄でしかありません。嫌われることを恐れないのが、上司としてもっとも大切な心得と言えるでしょう。まあ、ただ単に嫌われているだけの上司もたくさんいますけど。

私の苦悩
17

若い社員と打ち解けたいがぜんぜん話が合わない

今年も新入社員が入ってきた。よき先輩になって、あれこれ教えてやりたい気持ちはあるんだけど、ぜんぜん話が合わなくて困っている。話しかけても「はい」「いいえ」ぐらいの答えしか返ってこないし、向こうから話しかけてもこない。新入社員だけじゃなく、若いヤツらはみんなそうだ。こっちがせっかく打ち解けようとしてやってるのに、あいつら何が気に入らないんだ！

（東京都・三十五歳・営業）

北野武の言葉を訊け！

一九四七年東京都生まれ。タレント・映画監督。漫才コンビ「ツービート」のビートたけしとして八十年代に大ブレイクし、日本有数の大物タレントに。映画監督としても世界で高い評価を受けている。

ずいぶんおかんむりですが、そんなに肩に力が入った先輩に話しかけられたら、後輩たちもさぞ緊張しそうです。あなたにしてみれば、自分の期待に応えない後輩たちが悪いという認識でしょうけど、はたしてそうなんでしょうか。

違う世代と会話を続けるのは簡単ではありません。何を話していいかお互いによくわからなくて、ギクシャクしたり空回りしたり沈黙が流れたり。「ビートたけし」こと北野武は、ガツンとこう言っています。

世代が違うと話が合わないなんて言うのは間違い。話が合わないいんじゃなくて、話を引き出せない自分がバカなのだ。

この言葉には、続きがあります。「年寄りとお茶を飲んでいて、『おじいちゃん、この茶碗は何?』って聞けば、何かしら答えが返ってくる。きっかけさえ作ることができれば、思いもよらない話が聞けることもある。相手はいい気持ちになれるし、こっちは知らなかったことを知る。相手が小学生だって同じだ」

後輩と打ち解けようという姿勢は、もちろん先輩として立派な心がけです。ただ、心がけが立派だったら、「せっかく打ち解けようとしてやってるのに」という押し付けがましい姿勢をあたたかく受け入れてもらえるわけではありません。

謙虚なスタンスで「話を引き出せない自分がバカ」なんだと思いながら、あらためてアプローチしてみましょう。北野武はこういうことも言っています。

年寄りとか中年とか若者とか、
世代が違う奴同士っていうのは、
常に戦うべきものなんだよ。
世代が違うのに握手なんてしようとするから

文化が衰退するんだ。

なかなかうまく打ち解けられなかったとしても、こう思えば大丈夫。同年代の同僚とお酒を飲みながら「まったく、あいつらときたら」と若手の悪口を言って盛り上がりましょう。あ、もしかして同年代からも微妙に距離を置かれていて、いっしょに飲んでくれる相手がいない感じだったとしたらすいません。

今回の大人メソッド

合わせてもらおうと思っているうちは、話は合わない

「思ったようにコミュニケーションが取れない」という悩みは、よく聞きます。そういう場合、無意識のうちに「どうして話を合わせてくれないんだろう」と、原因は相手にあると考えてしまいがち。自分が上司だったり先輩だったりするとなおさらです。話を引き出せない、話を合わせられない自分がバカなんだと思うことで、活路が見い出せるでしょう。

私の苦悩
18

世の中、恩知らずで礼儀知らずなヤツが多すぎる

仕事は持ちつ持たれつです。自分も今まで、たくさんの人に助けられてきました。だから、誰かを紹介してほしいとか、こういうことについて教えてほしいと頼まれたら、自分にできることは力を貸しています。でも、腹が立つことに、その後どうなったか報告してこないヤツがほとんどです。恩に着せるつもりはありませんが、人の人脈や知識を使っておきながら、あまりに身勝手で失礼ではないでしょうか。

（静岡県・四十歳・営業）

石原裕次郎の言葉を訊け！

一九三四年〜一九八七年。兵庫県生まれ。俳優・歌手。一九五六年に兄・慎太郎原作の映画『太陽の季節』に脇役として出演したことをきっかけに、たちまち銀幕の大スターとなる。ヒット曲も多数。

お腹立ち、ごもっともです。「そうそう、あるよね」と同意なさった方も、「あっ、やっちゃってるかも」とギクッとなさった方もいるでしょう。

ただ、頼られるうちがはな華だとも言えるし、頼られている嬉しさは感じさせてもらっています。もちろん、恩は忘れてはいけないし、礼は尽くしたほうがいいでしょう。あなた自身は、人にお世話になったときはきっとそうしているに違いありません。

でも、まわりが恩知らずで礼儀知らずだからといって、自分ばっかり「損」をしていると思うのはちょっと違うかも。当たり前ですが、恩を忘れずきちんと礼を尽くしたほうが、自分にとっては「得」です。

どうせ人を助けるなら、アニキ的な存在になりたいもの。というか、アニキ的な助け方をしたいもの。日本で「アニキ」といえば、往年の大スター石原裕次郎です。彼にガツンと言ってもらいましょう。

人の悪口は、絶対に口にするな。人にしてあげたことは、すぐ忘れろ。人にしてもらったことは、生涯忘れるな。

あなたに助けてもらった相手がどういう態度を取るかは、しょせん相手の問題です。教育的指導のつもりで「おい、報告がないのは失礼じゃないか」と相手を責めても、こっちの値打ちが下がるだけで相手の性根は変わらないでしょう。「役に立ったんだったら、それでいい」と涼しい顔でやせ我慢をするのが大人の美学というものです。

ただし、恩知らずなヤツがまた性懲りもなく頼ってきたときにどうするかは、別の話。助けてやる気になれなくても、それは仕方ありません。礼を尽くさなかったせいで世界を狭めてしまったのは、向こうの自業自得です。その段階になって初めて、相手は人として何が大事なのかということに気づくのかもしれません。

裕次郎は、若い頃にこうも言っています。

ぼくはまだ若くて単純かもしれないけどね。自分で納得のいかないことはしたくないよ。

あなた自身は、自分が納得がいくような行動を貫いてください。他人の行動に不満を抱いたところで、余計なストレスがたまるだけだし、裕次郎さんに「あんまり粋じゃねえな」と言われそうです（妄想）。

今回の大人メソッド

自分の常識をベースに他人に期待するのは不毛

恩とか礼儀に対する考え方、示し方は人それぞれ。最初から期待しないほうが気が楽です。「自分ならこうするのに、どうしてあいつは」と、自分の常識を基準に相手を責めても不毛だし、けっしてカッコよくはありません。もちろん、あまりの失礼さに腹が立つこともままありますが、「他山の石にしよう」ぐらいに思っておくのが大人のたくましさというものです。

私の苦悩 19

友達の差別的な外国人批判が聞くにた堪えない

本当はいいヤツなんです。学生時代から仲良くしてきた友達が、いつの頃からか「だから○○人は」とか「△△人は本当にどうしようもない」なんてセリフを平気で言うようになりました。「○○」や「△△」には、ご近所のアジアの国が入ります。そいつから他人の悪口を聞いたことなんてないのに、外国人を憎々しげに批判しているのを聞くと何だか違和感があるし、寂しくもなります。どう受け止めればいいんでしょうか？

（福岡県・二十八歳・製造業）

ラ・ロシュフコーに訊け！

一六一三年～一六八〇年。フランスの名門貴族に生まれる。モラリスト文学者。戦争体験や謹慎処分など多くの辛酸《しんさん》を舐《な》めた経験や、持ち前の辛らつな人間観察を元に、いわゆる『箴言集《しんげんしゅう》』を執筆した。

なんだか最近、よく見ますよね。「えっ、この人までそんなこと言うんだ⁉」と面食らったり悲しい気持ちになったりすることも、しばしばあります。日本人である自分が大好きな人たちにとっての「日本人としてのプライド」って、よその国の人の悪口を言ったり日本を自画自賛したりして満たされるような安っぽいものなんでしょうか。

悪口というのは、言われるほうに問題があるとは限りません。『箴言集』で有名な十七世紀のフランスのモラリスト文学者、ラ・ロシュフコーは、こんなことを言っています。

人が大部分の物事を称讃したり、くさしたりするのは、それらをほめ、それらをそしるのが流行だからである。

あなたが「どう受け止めればいいか」は、なかなか難しいですね。その友達は何か理由があって、悪口を言うことで自尊心を埋め合わせる必要があるのでしょう。きっと一時的なことだと信じて、みっともない姿をあたたかく見守ってあげるか、こりゃダメだとガッカリして距離を置くか、それはあなた次第です。

ただ、もしかしたらあなたも、人のことは言えないかもしれません。ラ・ロシュフコーは、こんなことも言っています。

我々が過ちを犯した人々を叱責するときの動機は、
どちらかというと善意よりも
傲慢《ごうまん》によることの方が多い。
つまり相手の過ちを正すからというより、
自分だったらそんな過ちは
けっして仕出かさないということを誇示し、

優越感にひたるためにする。

近所の国の人の悪口を言うのも、そういう明らかに「ダメな行為」を批判するのも、一種の流行だし根っこは同じかもしれません。「友達にあれこれ言いたくなるのは、自分が弱っているからかもしれない」と受け取ってみるのも、大人の謙虚さであり、みっともない自分にならないための大人の用心深さです。

今回の大人メソッド

悪口や批判の動機はたいてい恥ずかしいもの

悪口や批判への意欲が高まっているときは、胸に手を当てて「本当の理由」を考えてみましょう。たとえ相手に非があったとしても、口汚く罵ったり偉そうに批判したりしていい理由にはなりません。たいていの場合、自分の側に「ちょっと恥ずかしい動機」があるはず。聖人君子になる必要はありませんが、そのみっともない構図は自覚しておきたいものです。

私の苦悩
20

しょっちゅう飲みに誘ってくる友達が煩《わずら》わしい

学生時代から仲良くしている友達がいます。そいつは酒が好きで、しょっちゅう「飲みに行こうぜ」と誘ってきて、まあ行けばそれなりに楽しいんですけど、たびたび会っていても話題は変わりばえしません。かといって断わるのも悪いし、これからも長く付き合ってては行きたいし……。それとなく「あんまり誘ってほしくない」という気持ちを伝えたいんですが、どう言えばいいでしょうか？

（滋賀県・二十六歳・公務員）

蛭子能収《えびすよしかず》の言葉を訊け!

一九四七年長崎県生まれ。漫画家・タレント。高校卒業後、看板屋に就職。一九七〇年に上京し、一九七三年に漫画雑誌『ガロ』で漫画家デビュー。その独特のキャラクターでタレントとしても活躍中。

ああ、それは悩ましいですね。友達というのは、たしかにありがたいんですけど、時に煩わしいものです。ありがたさを味わうには、煩わしさも我慢する必要があるのでしょうか。あるいは、煩わしいなんて思っちゃいけないんでしょうか。

本当はいっしょに飲むのが気が進まない相手と、そもそも付き合う必要があるのかという問題はあります。ただ、あなたはいちおう相手のことを大事に思っているようだし、しょっちゅう誘ってくるということは、相手もあなたのことが好きなのでしょう。いや、もしかしたら単にヒマつぶしの相手と思われていて、あなたじゃなくてもべつにいいのかもしれませんけど。

おっと、もしかして言っちゃいけないことを言ってしまったでしょうか。こんなこと言ってると友達をなくしますね。常々「友達なんていらない」と公言しているのが、漫画家でタレントの蛭子能収。あのマイペースっぷりには感心させられますが、人付き合いはたぶん苦手でしょうね。彼は、こう言っています。

友達の誘いだから断われないのはおかしい。
誘いを断われないような間柄を友達というのなら、
僕は友達なんていりません。
積極的に友達をつくろうと思ったことは
昔からほとんどありません。

誘いを断れないような間柄の相手は友達じゃないというのは、たしかにそのとおりです。いわんや「それとなく『誘ってほしくない』という気持ちを伝えたい相手」は、もはや友達ではないと言っていいでしょう。あなたは誘いを断ることをやたら怖がってるようですが、そう思ってしまうのは、けっこう不自然な関係です。

無理が必要な友達なんていらない。断わって関係が切れたらそれまで。まずはそう開き直ることが、相手と長い付き合いを続けるための第一歩。そして、いい友達を見つけたり、どうでもいいことでクヨクヨしたりせずに生きていくための第一歩でもあります。

もしあなたが、気が進まないのにしょっちゅう誘われる自分を被害者だと思ってるとしたら、それは大間違い。知らないあいだに恨まれてる相手にしてみれば、あなたは立派な加害者です。「自分はこんなにひどい目に遭ってます」と訴えている「被害者」の中には、じつは自分が加害者の一面も持ち合わせているケースが少なくありません。

蛭子能収は、こうも言っています。

みんな嫌われるんじゃないかとか
友達だから嫌われたくないとか考えすぎです。
他人にどう思われたっていいじゃないですか。
僕は人から嫌われていると思ったことがない。
だって人に迷惑をかけることをしていないもの。
そう胸を張っていればいい。

実際に迷惑をかけていないかどうかは、彼の周囲の人に聞いてみたいところですけど、ま、そこは重要ではありません。受け止めたいのは、嫌われることを恐れる必要なんてないという心意気です。友達の顔色をうかがっていないで、嫌いたいなら嫌うがいい、自分は自分だと胸を張って生きていきましょう。

今回の大人メソッド

被害者のつもりがじつは加害者ということも

たとえば足が臭い同僚に「臭いよ」と言えなくて、相手への恨みが募《つの》っていく――。足の臭さ以外でも、とくに会社ではよくある状況です。注意して逆ギレされたならともかく、勝手に恨みを募らせるのは、相手にとって災難以外の何ものでもありません。自分自身も、無駄にモヤモヤイライラするだけです。被害者ぶった加害者にならないように気を付けましょう。

第4章 会社という奇々怪々な世界

是々非々

私の苦悩
21

やってみたかった仕事に挑戦すべきか

以前から「何かを表現する仕事」に憧れていました。かといって、たぶん自分には小説家になるほどの才能はありません。文章を書くこと自体は好きなので、ライターになれないかと思っています。今はそれなりに安定した仕事についていますが、一度しかない人生、やってみたかった仕事に挑戦しないと、きっと後悔しますよね。三十歳になるまでには答えを出したいと焦っています。

（東京都・二十七歳・営業）

ヨーダの言葉を訊け！

アメリカのSF映画『スター・ウォーズ』シリーズの人気キャラクター。見かけは小柄な老人だが、フォースの導き手で、エピソード4～6の主人公であるルーク・スカイウォーカーも弟子のひとりである。

おやおや、また突っ込みどころ満載の相談ですね。私もライターの端くれですので、遠慮なく言わせてもらおうと思います。

小説家になるほどの才能はないからライターになりたい。三十歳までには答えを出したいと焦っている二十七歳。ライターをナメてる上に覚悟も決断力も、そしてヤル気のカケラもありませんね。カッコよさげな言い方をしていますが、率直な印象を申し上げれば、寝言の域を出ないのではないかと……。

こんな私でも、ライター志望の若者から相談を受けたことが何度かあります。でも「いつかなりたい」と言っていて、そのあと本当にライターになろうと行動を起こした人は見事に一人もいませんでした。「私、向いてるでしょうか」とか「ライターで食べていけるでしょうか」と聞いてくる人も、絶対と言っていいですが、実際になろうとはしません。

世界中に熱烈なファンがたくさんいる映画『スターウォーズ』。エピソード5「帝国の逆襲」の中で、ピンチの場面で「やってみます」とか何とかグズグズ言ってるルークに対して、ヨーダはこう言いました。

やってみるではない。
やるか、やらぬかだ。
試すなどない。

原文は「No! Try not. Do or do not. There is no try.」。悪いことは言いません、「やってみたい」ぐらいだったら、やらないほうがいいでしょう。無鉄砲に飛び込めと言いたいわけではなく、やるしかないという強い気持ちがないなら、今の仕事を続けていたほうがいいかと思います。それに、こう言っては何ですが、ライターという仕事は外から見てるほどカッコよくも楽しくもないし、儲かる仕事でもありません。

後悔でも何でも、どうぞご自由になさってください。あなたにとっては、オヤジになったときに酒を飲みながら「俺、本当はライターになりたかったんだよね」とか言うのが、ライターという仕事とのベストな付き合い方かと存じます。あっ、それだったら、あなたがもっと偉いと思っている「小説家」のほうがいいんじゃないでしょうか。
と、好き勝手に述べましたが、こんなふうに言われても「やっぱりやりたい」と思って行動を起こすなら、心から応援します。がんばってください。カッコよくなくても儲からなくても、私はライターという仕事が大好きです。最後にヨーダのこの言葉を。

フォースとともにあらんことを。

今回の大人メソッド

悩む前に動いていないようなら、やらなくてもいい

夢とやらに向かって「行動を起こすべきか否か」という悩みは、結局のところヒマつぶしの域を出ません。現実逃避か、あるいは行動を起こす気がない自分への言い訳を探しているだけです。もし自分がそういう悩みを抱いたら、「ということは、やらなくてもいいのかも」と自覚しましょう。本当にやりたいなら、悩む前に何か行動を起こしているはずです。

私の苦悩
22

自分の「天職」を見つけるにはどうすればいいか

今やっている仕事は、つまらないわけではないが、いまひとつ燃えるものが感じられない。このままの中途半端な気持ちで定年まで過ごすのかと考えると、絶望的な気持ちになる。悔いのない人生を過ごすためにも、どうせなら「これが自分の天職だ」と思える仕事に就きたい。しかし、どうすれば見つかるのだろうか。活き活きと働いている人たちは、どうやって「天職」と出合ったのだろうか。

（北海道・二十八歳・食品）

高田純次の言葉を訊け！

一九四七年東京都生まれ。タレント。サラリーマン生活や劇団『東京乾電池』を経て、一九八〇年代にバラエティ番組でブレイクした。適当っぷりと無責任っぷりに定評がある。『適当論』などの著書も。

何度も何度も転職を繰り返せば、やがて「天職」に出合えて……、というものでもありませんね。すいません、失礼しました。

あなたのお気持ち、よくわかります。二十代の頃って、迷いますよね。自分にはあれもできるんじゃないか、これもできるんじゃないか。あれもやってみたい、これもやってみたい。ところが、人間、そんなにたくさんのことはやれません。

日々適当な言動を適当に振りまいて、いつしか「適当」がキャッチフレーズになった高田純次が、「天職」についてこんなことを言っています。

まあ何でもやればいいし、やってることを天職だって思い込むことも重要だと思うよ。

その仕事がだめだったら、
また次の仕事を天職だと思い込めばいいんだから。
何でも思い込みだって。

あなたが、今やっている仕事を「天職」と思い込める可能性があるかどうか、それはわかりません。ただ、最初から「俺の天職はどこだあ〜」と探しに行ったところで、見つかるものでもなさそうです。「天職」に出合っているように見える人は、どこかのタイミングで「これが自分の天職だ」と思い込んだのではないでしょうか。

高田純次のこの言葉には、続きがあります。

俺は世界一男前に生まれちゃって幸せだし、
うちの女房は世界一きれい、
俺の脚は日本一長いし、足の裏はバラの匂いがする。
とにかく思い込む。

まさに高田節、適当もここまでくると感動的ですらあります。私の足の裏もたぶんジャスミンの匂いがするはずだし、あなたの足の裏だってラベンダーの匂いがするかもしれません。あ、足の裏の話じゃなかったですね。ともかく、探す努力ではなく、思い込む努力をしてみてはいかがでしょう。

今回の大人メソッド

「これが天職！」と思い込めばその瞬間に「天職」は見つかる

冒頭の小ネタを引っ張って恐縮ですが、転職を重ねたところで天職には出合えません。たしかに、思い込むことが容易な仕事もあれば、なかなか思い込みづらい仕事もあるでしょう。しかし、むしろ苦労して思い込んだほうが深く実感できる一面もありそうです。もちろん、仕事と同様「天職」にも貴《き》賤《せん》はありません。大人の気合いで、各自がんばって思い込みましょう。

私の苦悩
23

プロジェクトチームが崩壊して戦犯扱いされている

長く携わってきたプロジェクトチームが、メンバーの感情のもつれで空中分解してしまった。自分としてはチームや会社のために、よかれと思っていろいろやってきたつもりだったが、溝《みぞ》は深まる一方だった。社内では、俺が原因でチームが崩壊したと言われているようだ。メンバーに俺の気持ちをわかってもらえなかったことも、そんなふうに戦犯扱いされているのも、悔しくて仕方がない。どうすればいいのか。

（東京都・三十六歳・商社）

木村拓哉の言葉を訊け！

一九七二年東京都生まれ。歌手・俳優・タレント。一九九一年に『SMAP』のメンバーとしてデビュー。数多くのドラマにも出演し、男前の代名詞として長く君臨してきた。SMAP解散後はソロタレントに。

そういうことって、ありますよね。人間関係はつくづく難しいし、世間というのは本当に好き勝手なことを言います。

ちょっと昔の話になってしまいましたが、とある国民的アイドルグループの解散も、誰がどう言ったとか誰が誰の味方だとか、いろんなところからいろんな情報が出てきて、何がどうなっているのかわけがわかりませんでした。たぶん当人たちも、よくわからなかったのではないでしょうか。

それはさておき、あなたの相談ですね。頑張ったけどチームは崩壊してしまった。しかも、社内で戦犯扱いされている。冷たい言い方かもしれませんが、どちらも仕方ありません。崩壊したものは元には戻らないし、戦犯扱いはムキになって打ち消せば打ち消すほど逆効果です。知らんぷりして堂々と振る舞っていれば、周囲にとっても自分にとっても、そのうち「ああ、そんなこともあったなあ」という話になってくれるでしょう。

メンバーの気持ちも周囲の噂も、自分でコントロールできる問題ではありません。あなたにコントロールできるのは、不本意な結果を自分自身がどう受け入れるかだけです。
この話の流れで登場してもらうのは恐縮ですけど、あの「キムタク」こと木村拓哉にお出まし願いましょう。彼は二十年以上前にこう言いました。

ケンカして別れるのも成長じゃないですか。
時間がたつってことは、
何らかの形で成長してることだと思う。
太るのもやせるのも成長だし、
老いていくことも成長だし。

起きてしまったことは、強引にプラスにとらえてしまうのが大人の心意気というものです。苦い経験や失敗を「成長の糧」にできるかどうかは、自分のとらえ方次第。そしてそれは、けっして難しいことではありません。

時間を巻き戻すことはできないので、どんなことも自動的にだんだんと遠い過去の出来事になり、結果的に「成長の糧」になってくれたという気がしてきます。

たまに「あれさえなければ……」と、過去の呪縛がいつまでも付いて回るケースもありますが、それは今の自分のダメさを過去のせいにする必要があるから。そんなみっともない状況に陥らないためにも、胸を張って堂々と再スタートを切りましょう。

たしかに、今回のことで評価を下げた部分はあるだろうし、離れていく人もいたかもしれません。しかし、それ以上にたくさんのことを学べて、自分を信じてくれる本当の味方の存在にも気づけたはずです。

二〇一六年一月の解散騒動のときに『SMAP×SMAP』（フジテレビ）の中で行なわれた謝罪会見で、木村拓哉はこう言いました。

これから自分たちは、何があっても前を見て、ただ前を見て進みたいと思いますので、みなさん、よろしくお願いいたします。

解散して目指す方向はバラバラになっても、ひとりひとりが前を向いて進んでいくしかないのは、キムタクもほかのメンバーも、相談者のあなたも私たちも同じです。

今回の大人メソッド

過去の出来事や他人のいざこざとは距離を置くべし

過去の出来事に縛られていてもいいことはありません。反省すべきところは反省するとして、距離を置いて付き合いましょう。そして芸能ゴシップにせよ身近な話にせよ、他人のいざこざに深く興味を持ったところで、いいことは何もありません。聞こえてくる情報は、誰かが何かの目的で出したものばかりです。大人の節度を忘れず、適度な付き合い方を心がけましょう。

私の苦悩
24

就活に失敗して不本意な会社で働くことになった

四月から社会人になりますが、今、憂鬱でたまりません。就活に失敗して、結果的に「すべり止め」の会社に入ることになったからです。両親は口では「会社なんてどこも同じだ。縁があったところでがんばれ」と慰めてくれますが、一生懸命に育ててそれなりの大学に入学させた息子が、しょぼい中堅企業にしか入れなかったことを残念に思っているに決まってます。友達だって、「あいつもその程度か」と内心バカにしているでしょう。ニートよりはマシだと思うしかないんでしょうか。

（東京都・二十二歳・学生）

ビル・ゲイツの言葉を訊け！

一九五五年アメリカ生まれ。マイクロソフトの共同創業者にして元会長。ほかにも大量の肩書を持つ。パソコンOS『Windows』を開発するなど、コンピューターの飛躍的な発展と普及に大きく貢献した。超大金持ち。

春から社会人ですか。おめでとうございます。前途洋々ですね！　いや、べつに嫌味を言っているわけではありません。不本意な会社だろうが何だろうが、あなたの新しい門出を心から祝福したいと思います。

就活という厳しい戦いでもまれまくって、ちょっと疲れているみたいですね。社会に出ることへの不安があったり、しかも今はヒマだったりで、いろいろ考えてしまうのかもしれません。そんな同情すべき要素を最大限に差し引いても、あなたが深刻ぶって相談してきている悩みは、かなりくだらない内容です。

まだ入社していないわけだから、会社のやり方に疑問があるとか仕事の内容が物足りないとか、そういう悩みではないわけですよね。あなたが不満に思っているのは、会社のネームバリューとか規模とか、要するに「聞こえがよくない」「見栄をはれない」という点です。そして「それなりの大学」に入った選ばれし存在であるはずの自分としては、プライドが満たされない、と。
ああ、なんてくだらないんでしょう。いろんな方面に、いろんな意味で、失礼極まりない話です。そんなくだらない悩みを深刻ぶって抱いているあなたには、マイクロソフトを創業して世界を変えたビル・ゲイツのこのガツンとくる言葉を贈ります。

世間は、君の自尊心を気にかけてはくれない。
世間は、君が自尊心を満たす前に、
君が何かを成し遂げることを期待している。

あなたがどういう会社に入ろうが、誰も気にしちゃいません。気にするとしたら、会社に入ってからのあなたがどう成長して、どう活躍するかという点です。両親の言葉も、きっと本心でしょう。あなたが真意をまったく理解せず、自分の入る会社を「しょぼい中堅企業」呼ばわりして勝手に意気消沈していることを知ったら、それこそ、どんなに残念に思うことか。

文句を言いたいなら、あなたが「しょぼい」と思っている会社で、誰にも負けないぐらい大活躍してから言ってください。「しょぼい」会社にいる「しょぼい」人たちに、あなたが負けるわけありませんよね。

まあ、根拠のないプライドと意味のない見栄に振り回されている今のあなたに、それができるとは思えませんけど。新しい門出というせっかくのチャンスを棒に振らないように、マヌケな勘違いに早く気づきましょう。

当たり前ですが、会社の価値はネームバリューや規模や世間の評判とは関係ありません。大事なのは、自分がそこで何をするか、何を見つけられるか、どう利用できるかです。そもそも「会社の価値」なんて、気にしても仕方ありません。それは、第一志望の会社に入社できた場合も同じこと。ビル・ゲイツは、こうも言っています。

成功ってのは、厄介な教師だ。
やり手を臆病者に変えてしまうからね。

就職はゴールではなくスタートです。「○○社に入社できたオレ」に満足してその立場を大事にしようとし過ぎると、それはそれでいろんなチャンスや可能性を自らつぶすことになるでしょう。

新社会人のみなさまにおかれましては、何によって自尊心を満たすかという点を間違えないように気を付けつつ、あれこれあがいていただければと存じます。

今回の大人メソッド

「不本意」と感じたら、その原因を考えてみよう

新社会人に限らず、いい大人もしばしば「不本意な仕事」や「不本意な仕打ち」に出合います。「不本意」と感じる原因を落ち着いて考えてみると、それこそどうでもいい見栄やチンケなプライドに振り回されているケースがほとんど。自分のダメな部分に目を向けるのは勇気がいりますが、原因のくだらなさに気づいてしまえばこっちのもんです。

私の苦悩 25

会社がなくなることになって途方に暮れている

春だっていうのに、夢も希望もありません。十年間勤めていた会社が、ちょっと前にいきなり倒産しました。専門性の高い小さな商社です。あまりにもいきなりで、今後のことを考える余裕もなく、ただただ途方に暮れています。いきなり自分を放り出した会社に恨みもありますが、まあそれを言っても仕方ないし……。突然の失業という事態をどうとらえればいいんでしょうか。

（北海道・三十二歳・失業者）

スティーブ・ジョブスの言葉を訊け！

一九五五年～二〇一一年。アメリカ生まれ。アップルコンピュータの共同設立者。一九七〇年代後半、スティーブ・ウォズニアックとともに『APPLE』と名付けたコンピュータを発売し、やがて世界を変えた

あらまあ、それはたいへんですね。会社ってのは、いきなり倒産しますからね。父さんもビックリです。倒産だけじゃなく、クビもだいたいいきなりですよね。

あなたが「会社を恨んでも仕方ない」と言っているのは、とても素晴らしい心がけです。恨むことにエネルギーを使っても、いいことは何もありません。スティーブ・ジョブスが、アップルを解雇されたときのことを振り返って、こんなことを言っています。

当時は分からなかったが、
アップル社に解雇されたことは、
私の人生で起こった最良の出来事だったとのちにわかった。
成功者であることの重さが、

ふたたび創始者になることの身軽さに置き換わったのだ。何事につけても不確かさは増したが、私は解放され、人生の中でもっとも創造的な時期を迎えた。

失業したときに大事なのは、このとらえ方であり、この心意気です。失業という事実は、ジタバタしても変えられません。しかし、失業が自分の人生にどんな意味を持つかは、自分でどうにでも変えられます。今すぐできるのは、失業を前向きにとらえること。「失業したおかげでまた違う仕事ができる」「失業を経験したおかげで打たれ強くなったはずだ」などなど。たとえば、そんなふうに思ってみてはどうでしょう。

強引に元気を取り戻して次の仕事を見つけたあとは、そっちで何かをつかんで、いつの日か「あの失業のおかげで今の自分がある」と言えるようになってください。次の場所でちゃんと全力を尽くせば、たいていはそう思えるようになるはずです。

あんまり思いつめないで、かといってヤケにならないで、気楽に地道にやっていきましょう。ジョブスの有名なガツンとくる言葉に、こういうのもあります。

ハングリーであれ、愚かであれ。

野暮を承知で意訳すれば、自分の人生に貪欲であれ、自分を縛り付けているものから自由であれ、ってことでしょうか。私も、いつも腹ペコで誰よりも愚かな自信はあるんですけど、ジョブスみたいな調子にはいきません。おっと、自分とジョブスを比べるのは図々しいですね、すいません。

今回の大人メソッド

起きてしまったことはいいように解釈するしかない

私たちは時に「思わぬ災難」や「納得できない事態」に遭遇します。もちろん、主張すべきことは主張したほうがいいに決まっているし、泣き寝入りを推奨するつもりはありません。しかし、嘆いたり恨んだりすることにエネルギーを費やすのは、百害あって一利なし。強引にいいように解釈するのが、大人の粘り腰でありハングリーな姿勢と言えるでしょう。

私の苦悩 26

業界の仕組みを変えたいが周囲の風当たりが強い

詳しくは話せないんですけど、ネットを使ったまったく新しい流通の仕組みを作りました。おかげさまで、多くのユーザーに喜んでもらっていて、会社としては前途洋々です。業界の仕組みはもちろん、世の中の仕組みも大きく変わりそうです。ただ、既存の業者を中心に、周囲からの風当たりが半端ではありません。私の人格を否定するような悪口も、あちこちから聞こえてきます。自分がやっていることに間違いはないと思っているのですが、逆風にどう立ち向かえばいいのでしょうか。

（千葉県・三十歳・ＩＴ企業経営）

白《しら》瀬《せ》矗《のぶ》の言葉を訊け！

一八六一年～一九四六年。現在の秋田県生まれ。陸軍軍人・南極探検家。資金不足や内紛などの苦難を乗り越えて、一九一二（明治四十五）年に南極大陸に上陸。帰国後は借金に苦しみ、晩年も不遇だった。

新しいことを始めると、必ずいろいろ言われますよね。でも、会社は順調とのことで何よりです。お金儲けだけじゃなくて、世のため人のためにがんばっているところも、ひじょうにアッパレ。ぜひ、自分の信念に従って突き進んでください。

日本人で初めて南極に行った白瀬矗をご存知でしょうか。イギリスのスコットの向こうを張って、予算も乏しい中、無謀にも木造帆船で南極に向かって、見事に上陸を成功させました。いろんな意味で逆風の嵐だったわけですが、彼はこう言っています。

何とでも言え、世間のきよ毀誉ほうへん褒貶というものは、雲か霧のようなものだ。山が泰然としていれば、雲や霧が動いたとて、

何ほどのことがあろう。
やがて晴れるときが来るに違いない。

いやあ、カッコイイですね。反対の声や悪口を受けてグラグラ揺れてしまうのは、あなたという山が、まだどっしり構えていないからかもしれません。始めてしまったからには、フリでもいいからどっしりしていないと、吹き飛ばされたり雲や霧がいつまでもまとわりついて来たりしそうです。

激励の意味を込めて、白瀬矗の別の言葉をプレゼントしましょう。

艱難《かんなん》は汝《なんじ》を玉にする。
困苦《こんく》は忍耐の試金石なり。
人生困苦の味を知らぬ人はまことに幸福である。
そして、不幸である。

艱難や困苦を味わえば味わうほど、自分という玉が磨かれると信じましょう。苦しみを味わうのは、たしかに辛いことではありますが、幸せなことでもあります。自分に向かって逆風を吹き付けている人は、もしかしたら親切心でやっているのかもしれない、ぐらいに図々しく思ってもいいかもしれませんね。

今回の大人メソッド

逆風は立ち向かうものではなく受け流すもの

逆風にせよ悪口にせよ、何となくそのまま受け止めていると大きなダメージを受けます。しかし、意識的に「気にしない」というスタンスを取れば、じつはどうってことありません。立ち向かったところで疲れるだけだし不毛です。受け流しても何の支障もないし、何ならヨットの上級者のように、逆風を上手に利用しながら前に進んでしまいましょう。

私の苦悩
27

長時間の残業をしないと同僚に負けそうで不安だ

長時間の残業が問題になっている。たしかに、ひどい目に遭っている人がいるのはわかる。だけど、自分だけ仕事をセーブしたり適当に切り上げたりして早く帰っていたら、そのあいだに同僚に置いて行かれそうで不安だ。そもそも、仕事は楽しいので残業もとくに苦にならない。やりたい人は好きなだけ残業すればいいと思うんだけど、こういう考え方は間違っているんだろうか。

（東京都・二十六歳・編集プロダクション）

カンニング竹山の言葉を訊け！

一九七一年福岡県生まれ。お笑い芸人。一九九二年に中島忠幸と『カンニング』を結成。キレキャラで人気を博す。二〇〇六年に中島が病気で死去。その後も、芸名に「カンニング」をつけて活動している。

とくに苦になっていないあなたにとって、長時間の残業が間違っているかどうか、他人には決められません。編集プロダクションという業種だと、たくさん仕事してたくさん経験を積むことで成長できるという一面は、たしかにあるでしょうね。経験を積める時期にわざわざそれをセーブするのは、なんかもったいない気もします。

「会社にうまいこと利用されているだけ」と言う人もいるかもしれませんが、たぶんそういうことでもありません。まあ、うまいこと利用されている可能性は、一度ぐらいは疑ってみたほうがいいかもしれませんけど。

あなたが今の環境に満足できるんだったら、とても幸せなことです。ただし、それはあなただけに当てはまる話で、別の人にとって「長時間の残業もいいもんだ」という話にはけっしてなりません。

いや、あなたは残業に対する自分の考え方に疑問を抱いて相談してくれているわけなので、ほかの人に「自分と同じことをしろ」と言おうとしているのではないことは、重々わかっています。

こういう話がややこしくてネット上で炎上しやすいのは、たっぷり残業した経験があってそれが糧になったと感じている側は、時に過去を美化しながら、個別の話を一般論として語ろうとしがちだから。そして長時間の残業に苦しんだ経験がある側も、残業を強いる側や残業肯定派に反発を覚えつつも、要求に応えられなかった自分に対して、必要のない罪悪感を覚えてしまうことがあるから（そもそも無茶な要求なのに）。

縛られている同士が自分を守るために相手を攻撃し合っているんですから、そりゃ熱も入ります。そして、なんせ自分を守るのが目的なので、お互いに相手の話なんて聞いちゃいなくて、どんなに激しくぶつかり合っても何も変わらず何も生まれません。

わざわざ言うまでもありませんが、長時間残業や企業の洗脳の犠牲になった人たちを批判するつもりは、まったくありません。そういう悲しいことが二度と起きないようにするためには、わかりやすい「悪者」に石をぶつけて留飲を下げるのではなく、各自が仕事に対する自分なりの「ちょうどいいスタンス」を意識して探すことが大切なのではないでしょうか。

カンニング竹山こと竹山隆範も、こう言っています。キレキャラがトレードマークであり最近は毒舌キャラとしても知られる彼は、たくさんの批判も受けてきました。

人生正解なんて無い。
肩の力を抜いて、楽に生きて行け。
俺も肩の力を抜いて楽に生きて行く。

もともと正解はないんですから、気に食わない意見があっても「勝手に言ってろ。私は私の生きたいように生きる」とスルーするのが大人としての勇猛果敢な戦い方です。「肩の力を抜く」というと、手を抜いているといったイメージでとらえる人もいそうですが、もちろんそんな甘い生き方のことではありません。

全力で力を抜いて、全力でいろんな呪縛を解き放って、最重要課題である「自分を大事にする」を実践するためにはどうすればいいかを考えましょう。必要に応じて、どんどん逃げて、どんどん休んで、どんどん反抗すればいいんです。

というわけで、相談者のあなたは、どうぞ好きにしてください。世間の風潮に惑わされて、望んでもいない方向に生き方を変える必要はありません。

一方で、現在はもちろん歳を重ねてからも、自分の生き方こそが正解だと言い張ったり、誰かに押し付けたりするのは絶対にやめましょう。それをやった途端、あなたが選んだ生き方にはどこか無理やごまかしがあったということになってしまいます。

今回の大人メソッド

たいていの「正解」は追えば追うほど逃げていく

数式や漢字の書き順の正解は、はっきり決まっています。しかし、世の中や人生には、むしろ正解がないことのほうが多めではないでしょうか。目玉焼きの作り方にせよ働き方にせよ、正解は人の数だけあります。人生におけるたいていの「正解」は、追えば追うほど逃げていくのが常。そのうちわかるだろうと鷹揚《おうよう》に構えて、今できることを全力でやりましょう。

意思表示

次の日曜日、社長の孫の学芸会で
オレ 撮影係に決まったんだ
えーっ!
アナタじゃなきゃダメなの!?
社長がアナタを指名したの!?
・・・
次の日曜は私の誕生日で
2人だけで 誕生パーティーやるって約束してたよね!!
あぁ
だから あえて立候補したんだ
別れたいならハッキリ言えよ

私の苦悩 28

仮性包茎かつミニなので女性に積極的になれない

世間には仮性包茎のほうが多いらしいし、医学的にも気にする必要がないのはわかってるんです。だから、手術を受けようとは思いません。ただ、大きさも小ぶりなんです。そういう場面になって、心の中で「あっ、この人、仮性なんだ。そして、ちょっとミニサイズかも」と思われるのが嫌で、女性と付き合っても深い関係になれません。風俗に行って「俺のアソコ、どう?」と聞いてみたこともありますが、女の子は「えー、普通じゃない」としか言ってくれませんでした。どうすれば吹っ切れますか。

（奈良県・二十五歳・製造業）

福山雅治の言葉を訊け！

一九六九年長崎県生まれ。シンガーソングライター・俳優。『桜坂』『家族になろうよ』などヒット曲多数。役者としても数多くの賞を獲得している。今の日本における「ハンサムの代名詞」的な存在。

たくさんのチンコを目の当たりにしている風俗の女の子がそう言うなら、たぶん普通なのではないかと思います。ただ、本人としては納得できないし、本当の意味でのリップサービスではないかと疑っているわけですよね。

この手のコンプレックスは、頭ではわかっててても簡単には払しょくできないのが厄介なところ。大きい人は大きい人で、形がいびつだとか色がイマイチだとか、別の悩みを抱えているかもしれません。

いやまあ、チンコ談義はこのぐらいにして、こういう話題がもっとも似合わなさそうな、そういうコンプレックスとはまったく縁がなさそうな方にご登場いただきましょう。あれだけのイケメンでありながら、下ネタ大王という一面も持っている福山雅治です。ある日、メインパーソナリティを務めるラジオの深夜番組の中で、こんなガツンとくる言葉を発してくれました。二連発でご紹介します。

オレは仮性包茎だ。でも、オレはそれをカッコ悪いと思ってないから、ラジオで言うよ。

(自分のチンコは)生まれたてのハツカネズミのような、ひじょうに奥ゆかしいチンコ。

福山雅治が本当に仮性包茎で小さいのかは、確かめようがありません。彼の言葉や姿勢から学びたいのは、コンプレックスを吹っ切るには開き直りが大事だということ。

仕事でも、学歴だの英語力だのコミュニケーション力だの会社の規模だの、コンプレックスの種は山ほどあります。誰にでも引け目を感じることや至らない点はありますが、コンプレックスにとらわれているみっともなさに比べたら、どれも取るに足らない小さな差に過ぎません。いわんや仮性包茎やチンコの小ささをや！

あなたも福山雅治を見習って、仮性であることや小さいことを徐々に公言してみてはいかがでしょう。たとえば同僚の仕事を手伝ってあげるときに「俺がカセイ（加勢）するよ」と言ってみたり、感動したときに「ミニ（身に）しみるなあ」と言ってみたり。

いつの日か「オレ、仮性で小さめだから安心していいよ」とか言って、女性を口説けるようになるといいですね。何が「安心していいよ」なのか、よくわかりませんけど。

今回の大人メソッド

コンプレックスは適度に公言すれば吹っ切れる

どんなコンプレックスの種も、自分は深刻に気にしていても、他人にはどうでもいいことばかりです。公言したところで「あっ、そう」と思われるだけ。しかし、クヨクヨウジウジ悩んでいる自分自身の気持ちは、ずいぶん楽になるはずです。しつこく愚痴ると「うわっ、こいつ面倒くさ！」と思われますが、そこは気を付けつつ、適度にカミングアウトしてみましょう。

私の苦悩 29

いつでもどこでもオッパイを見つめてしまう

我ながら異常じゃないかと思うほど、オッパイが大好きです。大小は問いません。仕事中に女性と打ち合わせや商談をしていても、相手のオッパイしか目に入りません。当然、嫌な顔をされることもあります。街を歩いているときも、買い物をしているときも、気がつくとオッパイを探して凝視しているんです。どうすれば、この困った癖を直せるでしょうか。ちなみに、お尻もそれなりに好きですが、オッパイほどではありません。

（東京都・二十六歳・営業）

松下幸之助の言葉を訊け！

一八九四～一九八九年。和歌山県生まれ。実業家。自転車店などに奉公したのち、二十三歳で松下電気器具製作所（現パナソニック）を創業。その後、どんどん会社を成長させたミスター「立志伝中の人物」。

オッパイへの深い愛があふれているご相談、ありがとうございます。たしかに、いいもんですよね。こんなふうにオッパイがらみの相談を受けるだけで、ちょっと幸せな気持ちになれます。ああ、オッパイは偉大なり……。

すいません、この調子では回答が遅々《ちち》として進みませんね。チチだけに。「男だから仕方ない」と言ってしまったらそれまでですが、それだと悩みは解消しません。ただ、オッパイから目をそらそうとして、相手の顔をシゲシゲと見つめてしまったり、逆にいつもよそ見をしながら話したりするのも、それはそれで問題です。

そこまで好きなのに「見てはいけない、見てはいけない」と自分を抑え過ぎるのは、きっと体によくないし、周囲と円滑なコミュニケーションが取れなくなるなど、別の深刻な問題を引き起こしかねません。かくなる上は、オッパイを見てしまう自分の素直さを前向きにとらえてみてはどうでしょうか。

経営の神様と言われた松下幸之助は、折に触れて「素直な心」の大切さを説きました。著書『素直な心になるために』の中で、こうガツンと言っています。

素直な心というものは、すべてに対して学ぶ心で接し、そこから何らかの教えを得ようとする謙虚さをもった心である。

素直な心でオッパイを見つめれば、きっと何かの教えが得られるはず。この際、オッパイを見つめてしまう自分を、「謙虚さをもった心」が備わっている男なんだと思ってしまいましょう。たしかに、すまし顔で「オレはオッパイなんて興味ないから」とカッコつけているようなヤツは、ほかのことに対しても、謙虚に教えを得るのは苦手そうだし、そもそも信用できません。

同書には、こんな言葉もあります。

素直な心の内容の中には、
万物万人いっさいをゆるしいれる
広い寛容の心というものも含まれている。
素直な心というものは、
人間が本来備えている広い愛の心、
慈悲の心を十二分に発揮させる心である。
オッパイの大小を問わないのは「広い寛容の心」を備えているあかし証に他ならないし、オッパイを見つめながら「広い愛の心、慈悲の心」を発揮しているわけです。かくも高尚な行為なんですから、ひるむことはありません。

女性のみなさまにおかれましては、胸をジロジロ見られるのはけっして愉快なことではないでしょう。ただ、その視線には、人として大切な美しい心がたくさん込められているのだと思って、呆れつつも「寛容な心」でスルーしていただけたら幸いです。
一見、失礼な行為を推奨しているように読めるかもしれませんが、「ケシカラン！　やめなさい！」と非難するよりも、こんなふうに言ったほうが、逆にオッパイばかりに目が行かなくなって、ちょうどいい関係が築けるに違いないという狙いを込めてのことです。どうか怒らないでください。

今回の大人メソッド

反射的にいきり立つより、鼻で笑ってしまおう

気に入らない意見や突っ込みどころ満載の記事に対して、いちいち反射的にいきり立っていても疲れるだけ。鼻で笑ってしまうのが、大人としての美しい対処と言えるでしょう。そして、こんな露骨な予防線を張りたくなったり、最後の段落をつけたくなったりするところに、今の世の中の世知辛さや余裕のなさを感じ取っていただけたら幸いです。

私の苦悩
30

女性社員を見ながらのエロい妄想が止まらない

あいつは会社の制服を脱がしたらどんなカラダをしているのか、どんな顔で感じてどんな声を出すのか、どうされるのが好きなのか……。仕事中に女性社員をチラチラ見ながら、そんなエロい妄想が止まらない。もちろん、態度や言葉に出したりはしないし、仕事もちゃんとやっているつもりだ。ああ、こんな自分が嫌だ！　同僚の女性たちにも失礼だし、どうにかやめたい。いい方法があったら教えてくれ！

（東京都・二十八歳・不動産管理）

ニーチェの言葉を訊け！

一八四四～一九〇〇年。現在のドイツ生まれ。哲学者。「神は死んだ」と宣言し、哲学界に衝撃を与えた。よく使われる「ルサンチマン」は彼が広めた概念。彼の著書には名言がギッシリ詰まっている。

おやおや、さっきのオッパイ問題と同じ種類の話ですね。男性の業というか宿命というか……。たしかに、根深くて深刻な悩みであるのは間違いありません。果敢に立ち向かうために、さっきとはまた違う方向からの解決策を模索してみましょう。

あなたほど極端じゃなくても、「こ、こんな時に限って」という場面でエロい妄想が沸き起こってくるという悲劇（?）に悩まされている人は少なくないはず。残念ながら私たち人間には、沸き起こってくる感情を都合よくコントロールする機能は備わっていません。無理に押さえつけたら、エロいエネルギーが行き場をなくして犯罪行為に走ったり無駄に凶暴な性格になったりと、なおさら厄介なことになりそうです。

あなた自身やオフィスの平和のためにも、どうにかしてエネルギッシュな妄想欲を手なずけたいところ。こういう話のときに頼りになるのが、人間の業や生きる上での本質的な苦悩と格闘した哲学者、ニーチェ先生です。

彼が残したたくさんの言葉から、エロい妄想が止まらない自分を救ってくれそうなものをいくつか拾ってみましょう。たとえば、こんなガツンとくる言葉があります。

自分を破壊する一歩手前の負荷が、自分を強くしてくれる。

妄想している分にはいいとして、あと一歩を踏み出してしまったら、たちまち破滅です。あなたはまさに「一歩手前の負荷」を自分にかけている状態。「妄想すればするほど強くなれるんだ」と自分に言い聞かせれば、何に対してどんな力が強くなるのかはさておき、罪悪感は薄れそうです。

この世に存在する上で、最大の充実感と喜びを得る秘訣は、危険に生きることである。

この言葉も、エロくて危険な妄想をふくらませてしまう自分に、勇気と言い訳を与えてくれます。「自分はなんてエロい奴なんだ」と自己嫌悪を覚えたところで、事態が改善するどころか、さらにタチの悪い方向にエロさが熟成していくだけ。人よりたくさんの充実感と喜びを得ていると思って、強引に胸を張ってみてください。

到達された自由のしるしは何か？
もはや自分自身に対して恥じないこと。

ダメ押しは、この言葉。エロい妄想に精を出す自分自身への恥じらいを捨てれば、自由な境地に到達できるようです。たしかに、どんなにエロい妄想をしても何の恥じらいも感じない人になれたら、それはかなり自由な状態と言えるでしょう。

自分を強くしてくれて、最大の充実感と喜びを得ることができて、しかも自由な境地に到達できる。ああ、エロい妄想というのはなんてありがたいのか。むしろ、もっともっと頑張ってふくらませまくってもいいかもしれません。

ただ、ちゃんとした意味や意義があると知ったことによって、妄想する意欲や楽しさが削がれてしまう可能性は大いにあります。ま、それはそれで結果オーライなので、とりあえず全力を尽くしてみてください。

今回の大人メソッド

「意味のある行為」にすればヤル気がなくなるかも

すべてがそうとは言いませんが、人生には「無意味だから楽しい」「よくないことだからやりたくなる」という類の行為があります。その手の行為に限って魅力的で、なかなかやめられません。強引に理屈をつけて「意味のある行為」にしてしまえば、急に色あせてヤル気がなくなるかも。ギャンブルのやりすぎや厄介な恋愛など、いろんな状況でお試しください。

私の苦悩 31

人妻キャバ嬢と本気で結婚したいと思っている

先輩に連れて行ってもらった熟女キャバクラで、S美さんとの運命の出会いがありました。その後もちょくちょくお店に通って、今は深い仲です。S美さんは「あーあ、ダンナさえいなければ、Eさん（私）と結婚できるのにな」と言ってくれます。「ダンナさんにきちんと話をしよう」と持ちかけたのですが、「ダメよ。ウチのダンナ怖いから。殺されちゃうわよ」と拒否されました。どうすれば結婚できるでしょうか？　ちなみに、ノルマがあるからということで、お店にも週一ぐらいのペースで通っています。

（埼玉県・三十八歳・自営業）

江原啓之の言葉を訊け！

一九六四年東京都生まれ。スピリチュアリスト・オペラ歌手。いつの間にか巻き起こった「スピリチュアルブーム」の立役者。講演活動や多くの著作で、迷える善男善女に救いや希望を与えている。

いろんな意味で危険な香りが漂う相談です。あなたは本気でS美さんを愛していて、S美さんもあなたと結婚したいと思っている……、という前提ですよね。

いきなり、かつ率直に申し上げて恐縮ですが、あなたはまんまと騙されていて、単に「いいカモ」にされているよう見えます。もちろん、実際のところはわかりません。彼女をとことん信じるという道もあるでしょう。

スピリチュアリストの江原啓之は、こう言っています。

あなたのたましいに嘘をついていないか。
それを基準にして生きるほうが、
ずっと楽なのです。

恋愛でも仕事でも人間関係でも、人生には「何が正解かわからないこと」がたくさんあります。そんなときは誰になんと言われようが、自分が信じるほうに突き進むのが自分にとっての「正解」であり、いちばん後悔が少ない道と言えるでしょう。彼はこうも言っています。

他人や世間がどう思うかは、二の次、三の次。
そんなふうに考えるくらいでちょうどいいのです。

もしかしたら、周囲の雑音に惑わされて、S美さんの身辺を調査したり、試すようなことを言ってみたりしたくなるかもしれません。しかし、仮にそうやってS美さんの言うことが本当だったとわかったとしても、もはや手遅れです。心から信頼できない人と結婚したところで、けっして幸せにはなれないでしょう。

騙されていたとしても、それはそれ。S美さんのおかげで、人を心から好きになってその人を信じるというきれいな気持ちを抱かせてもらっているわけですから。ただし、お金をたくさん貢がされるとか、そういう流れになってきたら、また話は別です。

とりあえず自分のたましいとS美さんを信じて、夢が覚めるまでは夢を見続けてください。痛い目にあったらあったで、それもまた勉強です。

なんだか騙されているのが前提みたいな言い方になってしまいました。大きなお世話ではありますが、そうではないことを一応お祈り申し上げます。

今回の大人メソッド

正解がわからないときは信じたいものを信じよう

物事は、どっちに転んでもプラスとマイナスがあります。自分が信じたほうを選べば、最大限のプラスを得られて、マイナスは最小限に抑えられるでしょう。周囲の声や世間の常識に押されて、本当は望んでいないほうの道を無理に選んでしまうと、そのことで得られるプラスを素直に受け取ることができません。目先の損得なんて、あとでどうとでもなります。

私の苦悩
32

気が付けばちょいブスとばかり付き合っている

今まで付き合ってきた女性は、思い出してみると、ちょいブスばかりです。内心では「こいつより、同僚のAちゃんのほうがかわいい」と思っていても、いちばん付き合いたい女性にはアプローチできません。結局、手近なちょいブスに手を出して、「もっといい女がいるのに」と少し不満を感じながら付き合います。相手に失礼だし、それだと幸せはつかめないってこともわかっているんですが……。

（石川県・二十八歳・金融）

ふなっしーの言葉を訊け

千葉県船橋市在住の「梨の妖精」。二〇一一年十一月に誕生した。船橋市の公認は受けていない非公認キャラ。独特の動きと声で絶大な人気を集め、テレビ番組やCM、各種のイベントに引っ張りだこ。

もしかしたら、「ちょいブスなら、俺がその気になれば、どうにでもなる」と遠回しに自慢しているのでしょうか。全国のちょいブスのみなさんは、立ち上がって激しく抗議していいと思います。ただ、ここで立ち上がってしまうと自分がちょいブスだと認めることにもなるので、そのへんは難しいところですが。

仮に、あなたが言う「いちばん付き合いたい女性」にアプローチして、首尾よく付き合うことができたとしたら、今より幸せになれるのでしょうか。本項を読んでいる多くの方が感じているように、きっとそんなことはないはずです。そうなったらそうなったで、「世の中にはもっといい女がいるのに……」とブツブツ言い出すのがオチです。

老若男女に大人気の「ふなっしー」は、ツイッターで日々いろんなことをつぶやいていますが、ある日こんなことを書いていました。ちなみに二〇一七年十一月現在、ふなっしーのツイッターアカウントは一四〇万人以上のフォロワーがいます。

足らないものより恵まれたものを数えてヒャッハーするなっしー♪

百歩譲って相手が「ちょいブス」だとしても、嫌いな相手と付き合うわけではないし、それはそれで楽しいはず。あなたは、自分では気づいていないだけで、じつは「ちょいブス」こそが好みのタイプなのではないでしょうか。そうじゃないとしても、「自分はちょいブスが好きなんだ」と思えば、たちまち「とても恵まれている人」になれます。

「ちょいブス」とのご縁に恵まれていることを自覚しつつ、思いっきりヒャッハーしてください。順調に愛が育まれれば「ちょいブス」かどうかなんてどうでもよくなるに違いありません。ふなっしーは、こうも言っています。

ないもののねだりは不幸の始まりなっしー！

見た目がいい女性が「いい女」だと限らないということは、(見た目しか取り柄がない女性以外は) 誰もが気づいているはず。相手の女性に対しても、自分自身の恋愛の傾向に対しても、ないものねだりをするのではなく、現状を全力で肯定しましょう。

ないものねだりをすることで「俺は本当はこんなもんじゃない!」と背伸びしている気になるのは、けっこうみっともないプライドの持ち方です。

今回の大人メソッド

好きになった相手こそが「いちばん好みの顔」である

「かわいい」だの「ちょいブス」だの、世間の基準で判断する必要はありません。自分が好きになった相手こそが「いちばん好みの顔」だと言い切るのが、大人の気概であり幸せをつかみとる大人の貪欲さです。そもそも顔なんて、男にせよ女にせよ、その人を構成するたくさんの要素のうちのひとつでしかないので、その程度の適当な認識で十分です。

私の苦悩
33

友達にはなれても恋人の関係に発展していかない

好意を抱いた女性を食事に誘って、それなりに話が弾んで仲良くはなれても、それ以上の関係、たとえば付き合って深い仲になるとか、という方向に進展しません。欲しいのは女友達ではなくて恋人なんです。でも、どういうタイミングでそういう話を切り出せばいいかわからないし、なまじ仲良くなってしまうと切り出しづらいっていうのもありますよね。友達から恋人に変わる境目の飛び越え方を教えてください。

（新潟県・二十八歳・公務員）

小津安二郎の言葉を訊け！

一九〇三年～一九六三年。東京都生まれ。映画監督。『東京物語』などの作品は、世界中で高い評価を得ている。多くの小津作品で重要な役割を担った女優の原節子は、小津の死後、公の場から姿を消した。

いやあ、懐かしい。「友達」「恋人」「境」という言葉の並びを見て、昔の郷ひろみの歌を思い出すのは何歳以上でしょうか。あの歌は「境」を決めた若者が、哀愁によろしくと挨拶する内容でした。でも、何十年かたってあらためて考えると、いまいち意味がわかりません。

「境」というのが何を意味するのかは、当時からおぼろげに察してはいました。そういうことしちゃったふたりが、よろしく哀愁になる……。そっか、「境」を決めた先には、遅かれ早かれ哀愁が待ち受けていると示唆しているんですね。作詞は『草原の輝き』『赤い風船』『危ない土曜日』『危険なふたり』など、数多くのアイドル歌謡を世に送り出した安井かずみさん。うーん、さすが深い。

おっと、四十年越しの引っ掛かりを追求している場合じゃありませんね。相談の内容とまったく無関係とも言えないということで、どうかご容赦ください。

たしかに、一歩を踏み出すベストのタイミングなんてものを計っていると、身動きが取れなくなるでしょう。どうやらあなたは、恋人が欲しいと言いつつ、フラれることや「えー、なに言ってんの」と引かれたりすることを怖がっているようです。そりゃまあ、よっぽど図太い神経を持ち合わせていない限り、誰だってフラれたり引かれたりするのは怖いですけど。

私も日々痛感していますが、人間、締め切りがないと何もできません。日本映画の巨匠小津安二郎は、数多くの名作だけでなく、こんな言葉も残してくれています。

男女の仲というのは、夕食を二人っきりで三度して、それでどうにかならなかったときはあきらめろ。

かつて男性誌で「恋愛マニュアル」が盛んだった頃は、「彼女をホテルに誘うのは三度目のデートで」というのが定説でした。もしかしたらその根拠というかルーツは、小津安二郎のこの言葉だったのかもしれません。知らんけど。

それはさておき、二度も三度もデートしているのに、「この人と、どうにかなりたい！」という気持ちが起きなくて、向こうからもそういう気配が感じられないようなら、縁がなかったと思っていいでしょう。その相手と深い仲になれるかどうかは、気が合うとか合わないとか相手の人間性がどうとかとは、また別の話です。

「仏の顔も三度まで、境目を飛び越えるのも三度目まで」と心に刻んで、勇気を振り絞りましょう。「まだ本当に好きかどうかよくわからないし……」なんて言って、行動を起こせない自分を甘やかしている場合ではありません。前に進むために大切なのは、とにかく行動を起こすことです。「四の五の言うな」とは、まさにこのことですね。

たとえフラれても、その経験と行動を起こせた自信は必ず次につながるはず。小津安二郎は、こんなことも言っています。

豆腐屋にトンカツを作れというのは無理だよ。

彼が言ったのは映画のジャンルのことですが、恋愛も同じ。たとえフラれたとしても、相手が求めているものが自分にはなかった、トンカツがお望みならよそに行ってくれ、と思ってしまえば、自分を丸ごと否定された気持ちになることもありません。こっそり「お前なんて、豆腐の角に頭ぶつけろ！」と毒づくことで、相手への恨みや怒りのようなものをきれいさっぱり洗い流して、次に進みましょう。

境目問題に限らず、男女の仲は、難しく考え出すとロクなことはありません。

今回の大人メソッド

三度目のデートの際は、お互いに覚悟を固めたい

三度目のデートで話を切り出して、「もっとお互いのことを知ってから」とか何とか言われたら、世界の小津安二郎もこう言ってるんだ、今日はラストチャンスなんだ、という論法でさらに説得を重ねましょう（遠回しに断られている可能性も大ですが）。「三度目のデートに関する定説」がふたたび広まれば、若者の草食化にも少しは歯止めがかかるかもしれません。

私の苦悩 34

後輩のヤリチン男にまんまと遊ばれてしまった

自分も軽率だったとは思います。後輩のちょっとカッコイイ系の男の子に、何度かデートに誘われて、熱心に口説かれて、ついフラフラとそういうことになりました。それはいいんです。私も子どもじゃないので。ただ、ヤった途端に態度がいきなり冷たくなったり、私と同時に社内の若い子にも声をかけていたのがあとからわかったりしたのが、ムカついてなりません。社内的な立場は私のほうが上です。どうにか仕返ししてやりたいと思うのは、間違っているでしょうか。

（東京都・三十二歳・流通）

瀬戸内寂聴《せとうちじゃくちょう》の言葉を訊け！

一九二二年徳島県生まれ。作家・尼僧。瀬戸内晴美の名で人気作家となる。夫の教え子と不倫関係になり、三歳の子どもを残して駆け落ちしたという壮絶な過去がある。一九七三年に天台宗で得度し、法名を寂聴とした。

珍しく女性からの相談です。きっと、慰めの言葉のひとつもおかけしたほうがいいんでしょうね。下心がある場合は迷わず慰めますが、今は相談者と回答者の関係でそれ以上に発展する可能性はないので、別の方向からの話でお役に立てればと存じます。

ちょっとカッコイイ年下の若い子を味見できたんだから、まあいいんじゃないでしょうか。長い付き合いにならなかったのは、あなたとの縁がその程度だったということ。相手がヤリチンかどうかはまた別の話です。ヤリチンだって、長い付き合いをすることもあるでしょう。いや、あくまでもそこまでの縁だったという話で、あなたの魅力や人格に問題があると言いたいわけではありません。

無理やりではなく、合意の上だったんですよね。会社の立場を利用しての「仕返し」なんてことを言い出すのは、けっこうみっともない発想です。色恋沙汰は色恋沙汰、仕事は仕事。そこをごっちゃにするのは、恋愛にも仕事にも失礼です。そこは意地でも切り離しましょう。

きっとあなたは、プライドが激しく傷ついてしまったんですよね。お気の毒だとは思いますが、だからといって被害者ヅラするのは、ちょっと図々しいかも。色恋沙汰のエキスパートにして大御所である瀬戸内寂聴師は、こうガツンと言っています。

どんなに好きでも最後は別れるんです。
どちらかが先に死にます。
人に逢うということは必ず別れるということです。
別れるために逢うんです。
だから逢った人が大切なのです。

ちょっと短い縁だったかもしれませんが、それでいいじゃないですか。デートしてるときは、それなりに楽しかったわけだし。もしかしたらあなたは、その後輩男子のことをけっこう本気で好きになっていて、未練があるのかもしれません。

それならそれで、自分の気持ちや「失恋した」っていう事実としっかり向き合って、感謝のひとつもしてしまいましょう。きっとそれが女の意地ってヤツです。けっして簡単ではないでしょうが、瀬戸内寂聴の次のふたつの言葉も噛みしめて乗り越えてください。どちらも、今のあなたに必要な言葉かと存じます。

人生とは、出会いと縁と別れです。
出会ってから別れるまでの間に、
嬉しいことや悲しいことがあって、
それを無事に越えていくことが
生きるということなんです。

恋を得たことのない人は不幸である。
それにもまして、
恋を失ったことのない人はもっと不幸である。

相手を恨むことで、せっかくの楽しかった出来事を「忘れたいイヤな思い出」にしてしまうのは、もったいない話です。いろいろ目をつぶりながら、がんばって「いい思い出」にしましょう。これからもいろんな出会いや別れがあるでしょうけど、色恋沙汰という人生におけるお祭り騒ぎを糧《かて》にしながら、お仕事もがんばってください。

今回の大人メソッド

どんな理由であれ「仕事で仕返し」は厳に慎みたい

プライベートと仕事を混同してはいけないというのは、誰でもわかっているはず。しかし、たまたま持っている小さな権力を使った仕返しは、もっともらしい言い訳を伴いながら、あちこちで行なわれています。それは、仕事をする上で「大人として絶対にやってはいけないこと」のひとつ。仕返しするなら、仕事を離れたところで返り血を受ける覚悟でやりましょう。

私の苦悩
35

理想の彼女と別れたショックから立ち直れない

三年間付き合った彼女と別れた。理想の彼女だった。原因はひと言では言えないが、いろんなすれ違いがあり、たくさんの不運があり、それなりの必然があった気もする。仕方ないと自分に言い聞かせているが、こんなにショックだとは思わなかった。別れてから二ヵ月たっても、ぜんぜん立ち直れない。むしろ苦しみは深まるばかりだ。ストーカーまがいのことをしてしまいそうな誘惑を必死でこらえている。神はなぜ、こんな試練を俺に与えるのだろう。どうすれば忘れられるのか。忘れていいものなのか。

（栃木県・二十五歳・自営業）

宇野千代の言葉を訊け！

一八九七年～一九九六年。山口県生まれ。作家・編集者・着物デザイナー。小説を書いたり雑誌を発行したりしながら、尾崎士郎、東郷青児、北原武夫など派手な男性遍歴を重ねて、波乱の人生を送った。

今度は男性からの失恋の相談ですね。ポエミーな相談文に、いい感じで自分に酔っている気配がうかがえます。いや、すいません。つらいのは確かなんでしょうけど、楽しそうだなあと思わずにいられません。おうちに帰るまでが遠足なのと同じように、失恋のショックを受けてだんだん癒えていくまでが恋愛です。

大正、昭和、平成と、小説家としても着物デザイナーとしても活躍した宇野千代。いろんな有名人と浮名を流した「恋愛の達人」が、こうガツンと言っています。

失恋って、当の本人は
苦しい苦しいと言っているけれど、
本当は終わった恋をいつまでも思い出して
楽しんでいるようなところがあると思う。

本当に苦しいなら、一秒でも早く忘れる努力をするはずだから。

今のあなたは「そんなに簡単に忘れられたら、苦労しない」と思っているでしょうけど、いつか「ああ、結局自分は失恋を楽しんでたんだな」と振り返る日が来るはずです。「なんでそんなことがわかるんだ」って？　個人的な実感でもあり、人類は昔から失恋を無数に繰り返してきて、そこから導き出された経験則でもあるからです。そういう日が来ることを楽しみに、今しか味わえない感情を存分にご堪能ください。

仕事の失敗や人間関係のトラブルも、似たところがありそうです。失恋にせよ何にせよ、苦しい経験はしっかり受け止めてきちんと向き合えば、自分をきっちり磨いてくれるでしょう。しかし、単にずるずる引きずったり相手のせいにしようとしたりすると、磨かれるどころかくすんでしまうだけ。せっかく磨かれるチャンスなのに、ストーカーになんてなってる場合じゃありません。

宇野千代は、こうも言っています。

忘れること、それが最上の治療法であり、恋人との愛をつなぐエチケットです。

三年間付き合ってきた「理想の彼女」との思い出を大事にしたいなら、ここが踏ん張りどころ。気持ちよく失恋することが、心の中の彼女といつまでも対等に、堂々と胸を張ってつながっていられる唯一の方法です。

今回の大人メソッド

失恋は「楽しいこと」だと思い込んでしまおう

もちろん、苦しいのはわかります。しかし、言ってみればその苦しみは「好きで抱いているだけ」。恨みや怒りも、自分が捨てさえすればその瞬間に消滅します。無駄に被害者意識をふくらませたところで、ロクなことにはなりません。失恋して苦しいときは、「じつは自分は、この状況を楽しんでいるのかも」と考えてみましょう。少しは楽になれるはずです。

効果絶大
自殺の名所
早まるな
もう一度、考え直せ
常套句は読み手の心に刺さらない
自殺志願者の最後の反骨心に賭けるんだ
お前のようなカスはとっとと死んじまえ
見ろ！引き返したぞ！
くるっ
自殺志願者が自殺を思いとどまった！
「ふざけるなー」と叫んだ犯人は刃物を振り回し群集の中に
犯人
・・・

私の苦悩
36

こんな世の中で夢や希望を持つことなんてできない

　これからの日本は、ますます高齢化社会や格差社会が進んでいくのは確実だ。経済成長も頭打ちだし、凶悪な犯罪だって増える一方だろう。勤勉さや思いやりといった日本人の良さは、どんどん失われている。こんなろくでもない世の中に生まれた自分は、本当に運が悪い。終戦直後みたいな混乱した世の中のほうが、可能性がたくさんあったし夢や希望も抱きやすかったに違いない。ああ、そっちに生まれたかった。

（東京都・二十六歳・フリーター）

のび太の言葉を訊け！

国民的人気漫画『ドラえもん』の登場人物。小学四年生（アニメでは五年生）。勉強もスポーツも苦手で、何かあるとすぐドラえもんに助けを求める。ドラえもんを送り込んだのは、デキのいい未来の子孫。

絵に描いたような「おバカさん」な相談ですね。いや、絵じゃなくて字ですけど。ここまで極端じゃなくても、「今の世の中」を漠然と呪っている人は少なくなさそうです。「今の世の中」に生まれたのは、そんなに不運なことでしょうか。

マイナス面を指摘すればキリがありませんが、安全だし平和だし便利だし食べるものにも困らない。けっこう悪くない世の中だと私は思います。まあ、しかめっ面で文句を言ったほうが、頭がよさそうで意識が高そうに見えそうですけど。

はっきり申し上げて、あなたみたいな人は今の世の中に生まれて、極めてラッキーです。もし終戦直後に生まれていたら、夢や希望どころか、たぶん生きてはいけません。生きていられたとしても、きっと夢や希望なんて抱かないし、可能性を求めて努力したりもしないでしょう。こんなに誰にでも可能性が与えられている世の中にいるのに、ないものねだりをするばかりで、何もしようとしていないんですから。

国民的な漫画である『ドラえもん』の中で、のび太がこんなことを言っています。

今の時代が気にいらないと
こぼしてるだけじゃなんにもならない。
ぼくらのすんでるこの時代を
少しでもよくするためがんばらなくちゃ。

「ウチの会社はここがダメだ」とか「ウチの街はここが遅れている」とか、批判すれば偉いと思っている人は少なくありません。そういう人は、自分では何にもしようとしないくせに、周囲のヤル気を奪ったり足を引っ張ったりします。お前らがいることこそがハズレで、お前らが環境を悪くしている原因だよ！　おっと、つい興奮してしまいました。すいません、あなたに言ったわけではありません。

あなたは本当は、世の中ではなく自分に幻滅してるのではないでしょうか。慰めになるかどうかわかりませんが、のび太はこうも言っています。

一番いけないのは、
自分なんかだめだと思い込むことだよ。

のび太だってがんばってるんですから、あなたもがんばりましょう。私もがんばります。みんなそれぞれ、自分の場所でせいっぱいがんばりましょう。

今回の大人メソッド

夢や希望や理想は「今できること」の先にある

夢や希望を抱いたり理想を語ったりするのは、とっても簡単です。しかし、一足飛びにそれをつかむ方法はありません。とりあえず、今の自分にできるのは「今できること」だけです。何をやるかは十分に考えるとして、今の場所で「今できること」を一生懸命にやって、少しずつ自分を成長させたり環境を変えていったりしましょう。焦りは禁物ですが、諦めも禁物です。

私の苦悩 37

恵まれた環境に生まれ育ったヤツらが妬《ねた》ましい

俺はド田舎の貧乏人の家に生まれた。学歴もない。最初からハンディを背負っている。がんばってようやく持てた自分の居酒屋も、予算がなかったから立地条件が悪くて、なかなか軌道《きどう》に乗らない。しかし、金持ちの家に生まれたボンボンどもは、親の金で何の苦労もなく大きな店を持ったりしている。世の中は不公平だ。正直、そいつらが妬ましい。同じスタートラインで勝負したら、誰にも負けないのに！

（東京都・二十八歳・自営業）

スヌーピーの言葉を訊け！

チャールズ・M・シュルツ作の漫画『ピーナッツ』に登場するビーグル犬。人語を解し、二足歩行もできる。新聞連載がスタートしたのは一九五〇年。漫画の主人公は、飼い主であるチャーリー・ブラウン。

そうそう、私も福山雅治ぐらいハンサムだったら……、と悔し涙を流したことが何度あったことか。世の中は不公平ですよね。

人間の世界だけではなく、犬の世界もいろいろありそうです。長いあいだ人気者の座に君臨しているスヌーピーに対して、ほかの同じビーグル犬たちは、複雑な思いを抱いているかもしれません。仲間内で「あいつ、たまにいいこと言うんだよな」「だけどさ、人間も犬に生き方を学ぶってどうなの」なんて愚痴を言い合ったりして。

そんなスヌーピーは「不平等」について、静かにガツンと、こう言っています。

配られたカードで勝負するしかないのさ……。
それがどういう意味だったとしても。

あなたにはあなた、ボンボンにはボンボンのカードがあって、それで勝負するしかありません。無名のビーグル犬たちが「もし俺がスヌーピーだったら、もっともっと人気を集められるのに」とか「もし人間だったら、そんじょそこらのヤツには負けないのに」と言っていたら、鼻で笑ってしまうでしょう。

手持ちのカードがイマイチなのは、恥ずかしいことでも何でもありません。しかし、人のカードを妬んだり、自分がうまくいっていないのを元々のカードのせいにしたりするのは、かなりみっともない了見と言えるでしょう。そんな了見を世間では「負け犬根性」と呼んでいます。

いろいろ不本意なことはあるようですが、その若さで自分の居酒屋を持つなんて、十分にすごいじゃないですか。手持ちのカードがイマイチだったから、恵まれたヤツらに負けるもんかとがんばれた面もきっとあるでしょう。ボンボンの人たちは「自分は金持ちに生まれたせいでハングリー精神がない。貧乏人の子どもがうらやましい」なんて思っているかもしれません。ま、それはそれで不愉快ですけど。

スヌーピーは、相棒のチャーリー・ブラウンが「いつの日か願いがかなうといいな」と呟いたときに、「そうなるように生きていかないとね」と答えました。「もし望めば犬だって飛べるんだ」なんて無茶なことも言っています。でも、その心意気やよし！

配られたカードがどうあれ、全力で勝負すればたいていのことは何とかなるはず。自分が飛べそうな空を見つけることができるでしょう。一時的にうまくいかないからといって、妬むという極めて非生産的な行為に貴重なエネルギーを費やしている場合じゃありません。手持ちのカードをどう使うか、強いカードをどこからどう引いてくるか、あなたの前にはたくさんの道や可能性が広がっています。

今回の大人メソッド

妬みは手っ取り早い自己弁護であり現実逃避

仕事にせよ何にせよ、自分が順調なときは他人への「妬み」の気持ちなんて、これっぽっちも湧いてきません。ところが、ちょっとうまくいかなくなると、妬むことに熱中しがち。妬んでいるうちは、自分の問題点や課題からは目をそらすことができます。誰かを妬みたくなったら、それはたいてい自己弁護か現実逃避だと思ったほうがいいでしょう。

私の苦悩 38

大きな地震の数日後、友達からSNSで罵倒された

熊本や大分で大きな地震がありました。「ここはあえて平常心で」と思って、フェイスブックにケーキの写真を投稿したら、友達からメッセージで「被災地の人が苦しんでいるときに、そんな投稿をするなんて信じられない！　人格を疑う！」と罵倒されました。自分としては「それは違うだろ」という思いがあるので削除はしていませんが、友達を不愉快にさせたのは悪かったと思ってます。でも、どう謝ればいいのかわかりません。その友達は、被災地に身内や友達がいるわけではないようです。

（東京都・二十七歳・営業）

アランの言葉を訊け！

一八六八年～一九五一年。フランス生まれ。哲学者・評論家・モラリスト。本名はエミール＝オーギュスト・シャルティエ。とにかく上機嫌で過ごす大切さを説いた『幸福論』は、世界中で愛読されている。

SNSって、便利だけど罪作りですよね。大きな災害が起きるたびに、フェイスブックもツイッターも、なんだか騒然とした雰囲気になります。

もちろん、被災地に身内や友達がいて何とか力になりたいと願っている方が、不安な気持ちを吐露したり情報を収集&発信したりするのは、SNSの特性を活かした有効な使い方だと言えるでしょう。

しかし、「力になりたいけど何もできない自分がもどかしい！」という気持ちが高じてしまうのか、あっちにもこっちにもケンカ腰でイチャモンをつけるなど、凶暴な書き込みに精を出す人も少なくありません。「私はこんなに心配している」「私はこんなに感受性が豊か」とアピールしたいだけの人も、たくさん見受けられます。

二〇一一年の東日本大震災後にも、ネット上で残念な光景が繰り広げられました。そのときに「何もできない人が騒いだり、曖昧な情報を広めたりしても迷惑なだけ」「被害のなかった地域は通常の経済活動をすることが大切で、それを『不謹慎』だと責めるのは単なる自己満足」という教訓を得たはずですが、その後も大きな災害があるたびに、似たような光景が繰り返されています。

具体的に行動している人やそれを応援している人を批判するつもりは毛頭ありません。どうかと思うのは「自己満足や自己主張のために騒ぎたいだけの人」です。さらにタチが悪いのが、政治的主張をしたり日頃から気に食わない対象を攻撃するために災害を利用している人たち。それこそ「不謹慎」以外の何ものでもありません。食べるものがなくて困っている状態の被災地に、千羽鶴を送り付けて悦に入るのと同じことです。

相談から話がそれましたが、その友達も「何もできない自分」がもどかしくて気が立っていたのでしょう。あなたにしてみれば完全にトバッチリです。とにかく謝らなきゃとうろたえているあなたは、きっといい人に違いありません。

不愉快にさせて悪かったと思う気持ちは素敵だと思いますが、とくに謝る必要はないと思います。ただ、友達も平常心を失ってやってしまったことなので、それこそ全面的に嫌ったり「あいつはとんでもないヤツだ」と人格を否定したりせず、大らかな気持ちで落ち着くのを待ってあげましょう。

フランスの哲学者であり文芸評論家であるアランは、こうガツンと言っています。

喧嘩をつくるのは倦怠だ。その証拠は、いちばん喧嘩好きなのは、仕事や心配のいちばん少ない人間に決まっているからだ。

ざっと見たところ、ネット上で次々に攻撃する相手（政治家とかマスコミとか主張が違う人とか失言をした人とか）を探しまわってケンカ腰で騒いでいるのは、何の被害も受けていないし被災地に身内がいるわけでもない人ばかりです。それがいかに失礼でみっともない行為かということに、いつか気づく日は来るんでしょうか。ずっと来ないのかもしれません。

でも、ネット上のトホホな光景を見て「こいつら、いいかげんにしろよ」とイラだってしまうのも、ケンカ好きの人たちを批判しているこの文章だって、いわば同じ穴のムジナ。アランは、こうも言っています。

幸福の秘訣のひとつは自分自身の不機嫌に無関心でいること。

不機嫌の連鎖に巻き込まれていないで、毎日を明るくたくましく一生懸命に生きていきましょう。イザというとき、困っている人たちを助けるために必要ないろんな「力」を蓄えるためにも。

今回の大人メソッド

「いいこと」をするときほど念入りな慎重さが必要

ＳＮＳでデマを拡散している人たちも、誰かや何かをケンカ腰で攻撃している人たちも、当人たちは「いいことをしている」と思っています。一見「いいこと」に思える事がらに対しては、人は慎重に疑う気持ちを省略してしまいがち。「いいこと」をするときほど慎重にならないと、思わぬ落とし穴にはまってしまいます。「悪気はなかった」で済む話ではありません。

私の苦悩
39

「男は男らしく」と思うのはいけないことなのか

俺は世の中がどう変わろうと、「男は男らしく」「女は女らしく」が理想だと思っている。自分も常に「男らしい生き方」を目指している。しかし最近は、男が軟弱になり女が生意気になってしまった。「もっと男らしくしろ！」と言えば「古い」と笑われるし、「もっと女らしくしろ！」なんて言ったらどんな反発を食らうかわからない。「男らしさ」「女らしさ」を大切にするのは、そんなにいけないことなのか。

（佐賀県・二十八歳・住宅設備）

タモリの言葉を訊け!

一九四五年福岡県生まれ。タレント・司会者。デビュー前は漫画家の赤塚不二夫の家に居候していた。その後の活躍っぷりは説明するまでもない。幅広い知識をベースに、独自の世界を創り出している。

この ご時世で、堂々と「男は男らしく」「女は女らしく」が理想だと言える勇敢さには、けっして皮肉ではなく敬意を表します。信念を持つのはけっこうなことかと。ただ、あなたもわかっているように、それを誰かに言ったら、笑われたり反発されたりするでしょう。とくに女性に「女らしさ」を求めるのは、あまりにも大胆すぎる所業です。

非難や反発を恐れて口にはしないけど、あなたと同じように思っている人は、とくに男性にはけっこういるかもしれません。いわゆる「男らしさ」的なものにロマンやプライドを感じているくせに、そうやって小賢しく空気を読んでいるのはチャンチャラおかしい限りです。いや、口にしているあなたはいいんですけど、そのあたりに「らしさ」の欺瞞や落とし穴があると言えるでしょう。

「立派な人間になりたい」と思って努力するのはいいとして、「らしさ」というマニュアルを拠り所にするのは、ちょっと怠慢な姿勢とも言えます。しょせんはお仕着せだし、一面的な価値観に基づいたものでしかありません。そのくせ、伝統や文化といった根拠があるような錯覚を抱けるので、何も考えずに身を委ねれば偉そうな顔ができるという便利な性質もあります。

唐突ですが、たとえば「うどんらしさ」とは何でしょうか。「コシがあること」と考える人もいるでしょう。しかし､それは一部のうどんにおける価値観を元にした限定的な「うどんらしさ」に過ぎません。

NHKの人気番組『ブラタモリ』の「お伊勢参り」の回（二〇一六年六月十一日放送）のエンディングで、「コシのなさ」に定評がある伊勢うどんをどう思うかと聞かれたタモリは、ガツンとこう言い放ちました。

うどんにコシがあるようじゃダメですよ。
ぜんぜんダメ。

伊勢うどんは伊勢神宮の参拝客におよそ四〇〇年前から親しまれてきたうどんで、太くてやわらかい麺に少量の黒いタレをからめて食べます。タモリの故郷である博多のうどんも、伊勢うどんと同じようにやわらかい麺が持ち味。以前から彼は、蔓延《まんえん》する「コシ至上主義」に反発して、「うどんにコシなんて必要ない」と主張してきました。

コシがあるのも「うどんらしさ」なら、コシがないのも「うどんらしさ」です。自分が知っている範囲の「らしさ」にこだわる必要はないし、もったいないとも言えるでしょう。自分が抱いている「当たり前」のイメージから逸脱した食べ物や考え方に触れることで、人生も視野も大きく広がります。

「男らしさ」「女らしさ」だけでなく、ちょっと油断すると、私たちはいろんな「らしさ」に縛られてしまいがちです。職業や所属する会社、生まれた国や地域、年齢、父親や母親といった立場……。「らしさ」に身を委ねるのは、たしかに便利な一面もありますが、疑ったりツッコミを入れたりする視点を頭の片隅に持ちたいもの。

タモリの言葉を借りれば「男にコシがあるようじゃダメですよ。ぜんぜんダメ」という考え方だってアリです。「うどんはコシ」と信じている人は、伊勢うどんや博多うどんなど「未知のうどん」に挑んでみましょう。今までの常識や「らしさ」の呪縛から解き放たれて、見える風景がガラリと変わるはずです。ああ、ありがたきかな哉、うどん。

ほかにもタモリは、「やる気のある者は去れ」「友達なんかいなくていい」など、たくさんの「常識外れ」な発言をしています。それはそれでひとつの真理。「らしさ」に縛られている人は、こうは言えません。

あなたも、せっかく向上心にあふれているんですから、既製品の「らしさ」に自分を当てはめるのではなく、オリジナルな「自分らしさ」を追求してみてはいかがでしょう。

今回の大人メソッド

「らしさ」を疑うことで新たな世界が広がる

「らしさ」とは、つまりは「固定概念」であり「常識の押しつけ」です。おとなしく従う必要なんてありません。目を吊り上げて「男らしさ」だの「日本人らしさ」だのを振りかざす人は、例外なくロクなもんじゃないと思っていいでしょう。「うどんらしさ」におけるコシのあり方のように、積極的に疑うことで新たな世界を広げてしまうのが、「らしさ」の有効な活用法です。

私の苦悩 40

政治家の悪口ばかり言ってるヤツらが大嫌いだ

会社の先輩は政治家の悪口が大好きだ。酒を飲んだときはもちろん、仕事中も何かというと「小池なんてダメだ」とか「安倍のインチキ野郎」とか、話題になっている政治家を悪しざまにけなしている。最近の攻撃対象は、もっぱら枝野だ。俺はそういうヤツが大嫌いである。お前が言ってもしょうがないだろうと思うし、そういうヤツに限って仕事はロクにできない。政治家を悪く言うことで、自分が偉くなった気になっている了見がセコすぎる。ビシッとやり込めたいが、いい方法はないだろうか。

（岐阜県・二十九歳・営業）

西原理恵子の言葉を訊け！

一九六四年高知県生まれ。漫画家。文藝春秋漫画賞を受賞した『ぼくんち』や、手塚治虫文化賞短編賞を受賞した『上京ものがたり』『毎日かあさん』など著書多数。最近は美容外科医高須院長との交際や「卒母宣言」が話題。

何を隠そう、私も嫌いです。SNSでもいますよね。政治の話題に食いつく俺って偉いだろ！　政治家に堂々と物申す俺ってカッコイイだろ！　みたいな人たち。

ただ、見ていて不愉快ではありますが、「やり込めたい！」とまで激しく憎んでしまうのは、それはそれでどうなのか。しょせんは他人ごとだし、あなた自身の悪口を言われているわけではありません。

西原理恵子の著書『洗えば使える泥名言』は、彼女が出会った「どうかしている人たち」が放った刺激的なフレーズを集めたもの。その中で「自分への戒めとして心に刻んでいる言葉」として紹介されているのが、このガツンとくる言葉です。

人のことを憎み始めたらヒマな証拠。

政治家の悪口が好きなその先輩も、広い意味で「ヒマ」なんでしょう。では、そういう人を激しく憎んでしまう自分はどうなのか。そんなにもその先輩のことが気になって、日々イライラさせられるのは、もしかしたら「ヒマ」だからかもしれません。いや、仕事の忙しさとかそういう話ではなく、ほかに熱中するものがあったり大きな悩みがあったりしたら、そんな先輩のことなんて気にはならないはずです。

本によると、彼女は「この人のことを憎み始めたら疲れてるな」という基準になる人がいるとか。政治家にせよ身近な人にせよ、悪口を言ったり嫌ったり憎んだりするのは、もっぱら自分の側にそうしたくなる理由があります。

ここで「違う！　ひどいヤツがいたら悪口を言いたくなったり憎んだりしたくなるのは当然だ！　相手のせいなんだ！」と言い張りたい方は、どうぞこれからもそのまま平べったい人生をお過ごしください。

「政治家の悪口が大好きなヤツ」への「大嫌い」という感情がどんどんふくらみはじめたら、胸に手を当てて自分の側の理由を考えてみましょう。その先輩はいわばあなたにとっては「炭鉱のカナリア」で、よくない兆候を早めに察知するために必要な存在なのかもしれません。やり込めるどころか、心の中で感謝してもいいぐらいです。

いっそ口に出して「いつも政治家の悪口を言ってくださって、ありがとうございます」と感謝してしまうのはどうでしょう。「な、なんだこいつ」と不気味に思って、あなたの前ではそういう話をしなくなるかも。よかったらお試しください。

あっ、これってある意味「ビシッとやり込める方法」の指南にもなってますね。いろいろ結果オーライで、よかったよかった。

今回の大人メソッド

「大嫌い」がふくらむのは自分への不満の裏返し

政治家にせよタレントにせよ身近な人にせよ、「大嫌い」がふくらんだときは、自分の側に「誰かを嫌わないといけない理由」がある可能性を疑ったほうがいいでしょう。そしてその理由は、たいてい自分への不満や自信のなさの裏返し。そして「ヒマ」が前提です。実害がある場合でも、「大嫌い」という感情をふくらませるヒマがあったら、冷静に対策を考えましょう。

私の苦悩 41

いくら考えても、あの「名言」は納得できない

少し前に大橋巨泉が亡くなった。巨泉さんが遺した名言に「集団の真ん中にいたら、絶対にダメだ。どうせなら、ビリを走れ。時代の風が逆から吹いたら、自分がトップに立てる」というのがある。俺はこの言葉が、いくら考えても納得できない。時代の風が逆から吹かなかったら、ビリはビリのままだ。そもそも巨泉さんのように才能がある人はいいけど、凡人がこんな心がけでいたってうまくいくわけがない。おとなしく真ん中にいるほうがマシなんじゃないだろうか。

（長野県・三十歳・営業）

大橋巨泉の言葉を訊け！

一九三四年〜二〇一六年。東京都生まれ。タレント・評論家・実業家・政治家など肩書多数。たくさんの人気番組の司会を務めるなど、テレビの世界で長く活躍。五十代での「セミリタイア」も話題を呼んだ。

巨泉さんらしい刺激的な言葉ですね。間違っているか間違っていないか、それは他人が決めることじゃありません。真ん中にいたほうがマシだと思うなら、そういう生き方をするのはあなたの自由です。大橋巨泉だってけっしてビリを走っていたわけではないわけだし、ツッコミを入れようと思えばいくらでも入れられるでしょう。

ただ、あなたがもし、この言葉の「アラ捜し」をすることで、得意気な気持ちになっているとしたら、それはどうなんだと首を傾げさせていただきます。あなたはどうかわかりませんが、ネット上では、他人の言葉や行動にケチをつけることに生きがいを覚えている人が少なくありません。

ケチをつけるのは、とても簡単です。そうやってプライドを必死で保ってきた人は、昔からたくさんいたんでしょう。ネットの発達でその存在が見えやすくなったり、大きな声を出す楽しさに溺れる人が増えたりしただけで。

そもそも「名言」というのは、そのとおりに行動すれば大丈夫という「正解」を与えてくれるものではありません。与えてくれるのはあくまで「ヒント」であり、自分にとっての「正解」は自分で見つけ出す必要があります。「自分を劇的に変えてくれる衝撃的な大発見」を棚からボタ餅的に期待しているだけでは、せっかくの「名言」も活躍のしようがありません。

大橋巨泉は、こんなことも言っていました。

人に助言を与えることにも用心深くしよう。賢い人はそれを必要としないし、愚かな人は心に留めないだろうから。

「名言」も同じ。私たちはなかなか「賢い人」にはなれません。しかし、周囲から助言を受けたり、心に引っかかる「名言」を知ったりしたときには、どう受け止めるのが自分にとって有益かを貪欲に考える——。そのぐらいの賢さは持っていたいものです。

才能を言い訳に反発したり屁理屈をつけて否定したりするのは、心に留めない「愚かな人」以上に愚かな反応と言えるでしょう。

集団の真ん中にいたら、絶対にダメだ。どうせなら、ビリを走れ。時代の風が逆から吹いたら、自分がトップに立てる。

あらためて見ると、含蓄に富んだいい言葉じゃありませんか。集団の中でもがき苦しんで自分を見失っている人にとっては、別の価値観もあるんだと思うことで、大きな救いになるはず。何かに挫折して時代に取り残された気になっている人は、自分の武器を身に付ける大切さに気づくことができるでしょう。けっして棚からボタ餅を期待すればいいと言ってるわけではありません。

ケチョンケチョンに言ってしまいましたが、どうかお気になさらず。私がもっともらしく言っていることも含めて、他人の言うことなんてアテにならないというのが大前提です。自分の考えに自信があるなら、そのまま「真ん中」を目指してください。

時代の風の吹き具合によっては、いつかトップに立って高笑いできる日が来るかもしれません。あ、でも、べつにそんなことは望んでなくて、真ん中あたりで静かにしている状態がいいんですよね。失礼しました。

今回の大人メソッド

「名言」に過大な期待を寄せるのは安直な了見

「名言」の力に思いっきり頼った本のくせに、最後でこんなこと言うのは大胆過ぎるかもしれません。ただ、一応この本では、「名言」を絶対的な救世主として崇め奉るのではなく、あくまでヒントをもらって、そこから読む人に意味を考えてもらおうというスタンスをとっているつもりです。これからも、さまざまな「名言」との大人の付き合い方を模索していってください。

おわりに――クールダウンしたら、さあ出発です！

たくさんの「ガツンとくる言葉」で、容赦なくココロを揺さぶられまくって、きっとフラフラになっていることと存じます。おつかれさまでした。

大切なのは、これから。「本を読んで成長した気になっている自分」に満足するだけでは、この本も私も役目を果たしたことにはなりません。しばらくクールダウンしてココロのフラフラがおさまったら、さあ出発です！

「ガツンとくる言葉」に背中を押してもらって、行動を起こしましょう。あなたを苦しめている上司に正面から立ち向かうもよし、イヤな会社を辞める準備を始めるもよし、これまでとは違う目線や心がまえでオッパイを見つめるもよし。

行動すればするほど、自分も周囲もこれからの人生も、どんどん変わります。たとえば十年後、「まさか自分がこうなるとは」と思えるような自分を目指してみてはいかがでしょうか。もちろん、悪い意味ではなくいい意味で。

この本は、扶桑社のビジネスマン向けウェブサイト『ハーバー・ビジネス・オンライン』

に連載中の「石原壮一郎の【名言に訊け】」に、加筆や修正を加えたものです。

連載を読んで「単行本にしましょう」と連絡をくれて、こんな素敵な形で実現してくださったバジリコの長廻健太郎様、単行本化を快く許してくださった扶桑社『ハーバー・ビジネス・オンライン』編集部様には、心より御礼申し上げます。

表紙のイラストと各章扉の四コマ漫画を描いてくださった漫画家のザビエル山田さんにも、深く感謝しております。得も言われぬ絶妙のテイストと独特のセンスが詰まった作品で、この本を華麗に彩っていただきました。たいへん光栄です。

そして、こういう場所でお伝えするのも何ですが、名言を生み出してくださった賢人のみなさま、本当にありがとうございました。すでにお亡くなりになっている方のご冥福と、ご存命の方と架空の存在の方のますますのご活躍をお祈り申し上げます。

最後になりましたが、お読みいただいたみなさまに最大限の感謝と祝福を！

二〇一七年十一月　　石原壮一郎

石原壮一郎（いしはら・そういちろう）

1963年三重県生まれ。コラムニスト。1993年に『大人養成講座』でデビュー。大人の素晴らしさと奥深さを世に知らしめた。以来、雑誌、新聞、web、テレビ、ラジオ、セミナーなど幅広く活躍。これまでの著書は100冊を超える。さまざまな媒体で人生相談の回答者を務めており、口当たりはソフトだがじつは辛らつで、それでいて実践的なアドバイスが好評。おもな著書に『大人力検定』『大人の超ネットマナー講座』『35歳までに知っておきたい大人の名言』『食べるパワースポット［伊勢うどん］全国制覇への道』『大人の言葉の選び方』『SNS地獄を生き抜くオトナ女子の文章作法』など。故郷の名物を応援する「伊勢うどん大使」「松阪市ブランド大使」も務める。

悩める君に贈る ガツンとくる言葉

2017年12月6日　初版第1刷発行

著者　**石原壮一郎**
カバー・本文イラスト　**ザビエル山田**
装幀　**長山良太**
発行人　**長廻健太郎**
発行所　**バジリコ株式会社**
〒162-0054
東京都新宿区河田町3-15 河田町ビル3階
電話：03-5363-5920　ファクス：03-5919-2442
http://www.basilico.co.jp

印刷・製本　**中央精版印刷株式会社**

ISBN978-4-86238-235-1